农村土地
制度与治理
逻辑研究

王冉 著

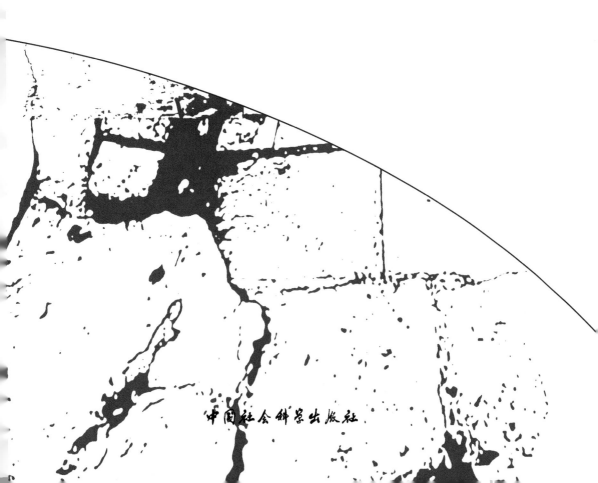

中国社会科学出版社

图书在版编目（CIP）数据

农村土地制度与治理逻辑研究／王冉著．—北京：中国社会科学出版社，2021.8

ISBN 978 - 7 - 5203 - 8662 - 3

Ⅰ.①农…　Ⅱ.①王…　Ⅲ.①农村—土地制度—研究—中国　Ⅳ.①F321.1

中国版本图书馆 CIP 数据核字（2021）第 120968 号

出 版 人	赵剑英	
责任编辑	许　琳	
责任校对	鲁　明	
责任印制	郝美娜	

出　　版	中国社会科学出版社	
社　　址	北京鼓楼西大街甲 158 号	
邮　　编	100720	
网　　址	http://www.csspw.cn	
发 行 部	010 - 84083685	
门 市 部	010 - 84029450	
经　　销	新华书店及其他书店	

印刷装订	北京市十月印刷有限公司
版　　次	2021 年 8 月第 1 版
印　　次	2021 年 8 月第 1 次印刷

开　　本	710×1000　1/16
印　　张	13
字　　数	201 千字
定　　价	78.00 元

凡购买中国社会科学出版社图书,如有质量问题请与本社营销中心联系调换
电话:010 - 84083683

目　　录

第一章　绪论 ………………………………………………（1）

第一节　现行农地制度下的权益保护困惑与研究意义 ………（2）

一　现行农地制度下的权益保护困惑 ………………（2）

二　研究意义 ………………………………………（6）

第二节　农村土地制度与农民土地权益的研究现状 ………（8）

一　国内研究现状 …………………………………（8）

二　国外研究现状 …………………………………（27）

第三节　农地制度与农民土地权益保护问题研究内容 ………（34）

一　研究思路与研究方法 …………………………（34）

二　研究对象与内容框架 …………………………（35）

第二章　农地制度与农民土地权益分析的相关理论 ………（39）

第一节　城镇化理论 ………………………………………（39）

一　城镇化内涵及其构成 …………………………（39）

二　城镇化的演进过程 ……………………………（42）

三　当代中国城镇化发展的本土规律 ……………（43）

四　城镇化发展与农地制度和农民土地权益保护的

内在关联 ………………………………………（46）

第二节　现代农地产权理论 ………………………………（47）

一　农地及其特征 …………………………………（48）

三　农地产权及其功能分析 ………………………………（50）

三　现代农地产权理论的基本观念 ………………………（52）

本章小结 ……………………………………………………（54）

第三章　城镇化进程中的农村土地资源开发配置与农地

　　　　制度调整 ……………………………………………（55）

第一节　城镇化进程中的农地制度基础：家庭联产承包

　　　　责任制 ……………………………………………（55）

一　家庭联产承包责任制确立与发展 ……………………（56）

二　家庭联产承包责任制时期的土地政策及其调整 ………（57）

三　家庭联产承包责任制下农民的土地自主经营权益 ……（60）

第二节　城镇化进程中的农村土地资源的多样化开发 ………（63）

一　城镇化与农村土地资源开发的变化 …………………（63）

二　实现农村土地资源多样化开发的土地流转模式 ………（65）

三　农村土地资源开发的地方经验——嘉兴模式 ………（69）

第三节　农村土地资源配置及其发展趋势 …………………（72）

一　城镇化进程中的农村土地资源配置 …………………（72）

二　农村土地资源配置发展趋势 …………………………（74）

第四节　农村土地制度及其调整 ……………………………（76）

一　农村土地承包经营权流转制度的确立与调整 ………（76）

二　农村集体建设用地使用权流转的实践探索与

　　法律规制 ………………………………………………（96）

三　征地制度及其探索与调整 ……………………………（108）

本章小结 ……………………………………………………（119）

第四章　现行农地制度下的农民土地权益问题分析 …………（120）

第一节　农民土地权益现状的一般性分析 …………………（120）

一　农民土地权益主体资格与身份认定 …………………（120）

　二　农民土地权益范围分析 …………………………………… （121）

　三　城镇化过程中农民土地权益受损表现 ………………… （123）

第二节　农地承包经营权流转制度下的农民土地权益

　　　　问题分析 …………………………………………… （129）

　一　土地承包经营权流转偏离农民意愿 ………………… （129）

　二　农村集体土地所有权主体模糊 ……………………… （130）

　三　农民土地承包经营权流转收益分配不合理 ………… （130）

　四　土地承包经营权流转程序不规范 …………………… （131）

　五　土地承包经营权流转法律不健全 …………………… （132）

第三节　农村集体建设用地使用权流转中的农民土地

　　　　权益问题分析 ……………………………………… （132）

　一　农民的知情权和参与权缺乏保障 …………………… （133）

　二　流转收益分配缺乏规范 ……………………………… （134）

　三　市场流转机制存在缺陷 ……………………………… （135）

第四节　征地过程中农民土地权益问题分析 ………………… （136）

　一　土地所有权主体模糊，导致农民征地权益被

　　　直接侵害 ………………………………………………… （136）

　二　征地利益博弈中的权利不对等，导致农民合法征地

　　　权益被剥夺 ……………………………………………… （137）

　三　"公共利益"界定模糊，为政府侵害农民土地权益

　　　提供"合法"理由 ……………………………………… （138）

　四　被征地农民政治参与无序，影响农民合法维权的

　　　实现 ……………………………………………………… （139）

本章小结 ………………………………………………………… （140）

第五章　农民土地权益受损的理性反思 ……………………… （142）

第一节　农地产权制度缺陷制约土地权益保障 ……………… （142）

　一　农村集体土地产权主体模糊 ………………………… （143）

二 农村集体土地产权不稳定 …………………………………… (144)

三 农村集体土地产权权能残缺 ………………………………… (144)

第二节 农民土地权益保护主体作用发挥不足 ………………… (145)

一 地方政府权力功能异化，侵权动力弱化维权职责 …… (146)

二 农民组织发展滞后，权益保护功能发挥受限 ………… (147)

三 农民维权意识薄弱，自我权益保护力量弱小 ………… (148)

第三节 法律调整机制和司法救济手段不健全 ………………… (149)

一 相关法律概念模糊 …………………………………… (149)

二 法律的适时性发展滞后 ……………………………… (150)

三 法律监督机制不完善 ………………………………… (150)

四 司法解决机制缺位 …………………………………… (151)

第四节 地方政府行政干预制约市场作用发挥 ………………… (152)

一 地方政府土地垄断遏制土地市场发育 ……………… (153)

二 地方政府强势干预破坏市场发展规律 ……………… (154)

本章小结 ………………………………………………………… (156)

第六章 农民土地权益保护的制度机制创新 ……………………… (157)

第一节 构建城乡融合的现代农地产权制度 …………………… (157)

一 "实体化"农村集体土地所有权主体 ………………… (158)

二 长期稳定农村集体土地承包关系 …………………… (160)

三 协调土地承包户与土地实际经营者的权利义务
   关系 …………………………………………………… (161)

第二节 探索土地权益分配的多元民主决策机制 …………… (162)

一 准确定位政府角色 …………………………………… (163)

二 提高农民组织化程度 ………………………………… (165)

三 提高农民维权能力 …………………………………… (166)

第三节 完善农村土地制度的法律体系建设 …………………… (168)

一 填补法律空白 ………………………………………… (168)

　　二　明确相关概念 ……………………………………………（170）

　　三　完善专项法律建设 ………………………………………（173）

第四节　建立市场主导的土地资源配置机制 …………………（174）

　　一　建立城乡融合的建设用地交易市场 ……………………（174）

　　二　优化政府在土地资源配置中的调控职能 ………………（178）

本章小结 …………………………………………………………（181）

结　语 …………………………………………………………（183）

参考文献 …………………………………………………………（185）

后　记 …………………………………………………………（200）

第一章　绪论

　　城镇化是工业化、现代化发展的必然趋势，也是农村社会实现工业化与农业现代化的必经之路。中国城镇化的发展进程具有鲜明的中国特色，城镇化发展速度和规模与中国改革开放的步伐基本一致。随着改革开放进入攻坚期和深水区，中国社会各个阶层的利益分化问题也日益显著，逐渐引起各方关注。尤其是中华人民共和国成立以来为国家工业化、现代化发展做出巨大牺牲的农民阶层的利益，成为城镇化发展过程中国家与社会各界最为关注的问题。

　　中国城镇化快速发展阶段，工业和服务业的发展需要大量的转移就业人口和土地，劳动力和人口流动现象以及农地转用现象变得越来越严重，由此带来了极大的人口变化和土地变化。在此变化过程中，农民的生存发展条件成为社会关注的焦点，实际上已经成为一个影响经济社会发展和城镇化进程的非常重要的现实问题。现阶段中国的城镇化发展实际上就是"农村人口城镇化和土地城镇化的演变结果和现实表现，土地制度作为农村经济社会的博弈规则与形塑人们互动关系的约束在城镇化发展进程中起到了重要作用"。因此，在中国城镇化进入中期发展阶段的背景下，结合中国农村土地制度研究农民土地权益问题，探索两者之间的相互关系，总结其发展经验与教训，对于城镇化的可持续发展以及在此过程中农民生存发展条件的保障具有重要的现实意义。本研究将结合当代中国快速城镇化的社会转型背景，对中国农地制度的调整与变迁进行探讨，挖掘其隐含的缺陷，在此基础上探究农民土地权益保障的困境及其深层根源，并通过对相关制度机制的变革与创新，探求农民土地权益保护的可行之道。绪论部分将对该主题的选题缘起、研究意义、研究现状、研究思路方法与研究内容框架等问题进行概括与阐述。

第一节　现行农地制度下的权益保护困惑与研究意义

一　现行农地制度下的权益保护困惑

"城镇化是伴随工业化发展，非农产业在城镇集聚、农村人口向城镇集中的自然历史过程，是人类社会发展的客观趋势，是国家现代化的重要标志。"[①] 改革开放以来，我国的城镇化发展取得了很大成就，《国家新型城镇化报告 2015》显示，我国城镇化率平均每年提高约 1 个百分点，2015 年城镇化率已经达到了 56.1%。1978 年至 2014 年，我国城镇常住人口增加了 5.8 亿人，城市数量增加了 460 个，城市建成区面积也从 1981 年的 0.7 万平方公里增加到 2015 年的 4.9 万平方公里。根据《国家新型城镇化发展规划（2014—2020）》中的城镇化发展目标，到 2020 年，实现常住人口城镇化率达到 60% 左右，户籍人口城镇化率达到 45% 左右，实现 1 亿左右农业转移人口和其他常住人口在城镇落户。这些数据表明，我国城镇化已经进入高速发展阶段，加快推进城镇化是 21 世纪我国面临的一个重大课题。城镇化也将成为未来支撑中国经济发展最重要的支柱力量。

2013 年中央召开的首届城镇化工作会议指出，城镇化是现代化的必由之路，是解决农业、农村、农民问题的重要途径。推进城镇化，必须重视"三农"问题。"三农"问题是我国城乡二元结构下城乡分

---

① 谢天成、施祖麟：《中国特色新型城镇化概念、目标与速度研究》，《经济问题探索》2015 年第 6 期。

化、工农差别长期积累的结果，其核心问题是农民问题，而农民问题的本质是农民权益问题。土地作为一切生产和存在的源泉，是农业生产最基本且不可替代的生产要素，是农民维持基本生活的保障之一。土地权益是农民的根本利益所在，保障农民土地权益是农民最为关心和企盼的问题。然而，在我国特殊历史条件和城乡二元结构下，农民的土地权益并没有得到充分的保障。中华人民共和国成立初期，我国工业化基础薄弱，为了尽快积累资本，提高工业化水平，建立起我国独立完整的工业化体系，实现从农业国家向工业国家的转变，国家实行了优先发展重工业的工业化战略，通过实行计划经济、限制市场经济、采取工农业产品"剪刀差"和粮食统购统销等方式来压低农产品价格，为工业发展提供积累资金。为了确保工业发展和城市发展，又实施了户口登记制度，限制农村人口向城市流动。这些制度或行政手段的实施将城乡分割开来，形成了中国特有的城乡二元结构。虽然它保障了工业的快速发展，但也造成了农业发展的落后和农民生活的贫困。改革开放以来，随着社会主义市场经济体制的逐步确立和市场在资源配置过程中基础作用的发挥，我国城镇化进程逐渐加快了，劳动力也在更加宽松的政策条件下开始从农村向城市转移、从农业生产部门向工业和服务业部门转移。随着人口向城市的聚集以及城市用地需求的增加，土地纠纷和农民土地权益问题日益突出，其中最直接的表现就是在二元土地产权结构下，政府为了增加财政收入、提高城镇化水平，凭借对农地转用的行政垄断权通过征地获取城市建设用地，通过压低征地补偿价格，提高批租土地价格，形成征地的低成本与批租土地的高收益之间的差额，获取土地经营红利。这种依靠土地运作来增加政府财政收入的土地财政虽然为城镇化的发展提供了财政资金支持，但却是"依靠资本和权力强势推进的城镇化，从根本上违背了公平正义的原则"[①]，忽视了农民土地权益，歧视、侵害农民

---

① 郑广永：《城镇化过程中失地农民权益的整体性保障》，《北京联合大学学报》（人文社会科学版）2013年第4期。

土地权益的现象非常普遍。可以说，当前城镇化推进的过程，在一定程度上是以牺牲农民的土地权益为代价展开的。

农民土地权益的流失引发了因土地问题和土地纠纷而产生的各种社会矛盾与冲突事件，成为影响城镇化健康发展与危害经济社会发展的严重社会问题。土地承包经营权流转、集体建设用地流转和土地征用等一系列农村土地制度存在的缺陷导致了农民土地权益合法保护在实现时存在种种困惑与疑问。

（一）土地承包经营权制度下农民土地权益保护的困惑

土地承包经营权制度是中国农村土地制度的基础，关系着农民的收入和我国农业生产力的发展。土地承包经营权制度推行之初，由于赋予了农民承包土地的生产自主权，形成劳动与土地收入直接挂钩的利益机制，因而极大地释放了农民的生产积极性和劳动创造性，使我国农业生产力在一段时期内获得了极大的提高。然而土地承包经营制度的内生缺陷却导致农民在维护合法权益时遭遇种种矛盾与困惑：现行《土地承包法》确定以农户作为家庭承包方式下土地承包经营权的权利主体，但它与相关法律对于农户内部成员对土地承包经营权的权利关系并未进行明确的划分与规定，导致农户主体内部成员在主张土地权益时面临无法可依的困惑；土地承包权的承包期虽然基本实现了长期化，但承包期的期限性问题仍会造成农民在转让土地使用权时交易价格偏低，进而导致农民利益受损或者交易难以达成，承包期满后的继续承包也因法律规定模糊而导致权利风险；农村集体作为发包方，对土地承包经营权转让拥有的审查同意权和收回权力，使农民存在被农村集体权力侵害的风险；相关法律对土地承包经营权的继承问题规定模糊，使农民的土地财产继承权遭遇法律保障困惑。

（二）土地征用制度下农民土地权益实现的疑问

城镇化加速发展阶段，农地非农化的数量和规模也越来越大。根据我国现行农地制度，农业用地必须经由集体所有转为国家所有之后才能用于城市非农建设。因此，征地实际上就成为我国农地非农化转用的唯一合法途径。但在现行土地征用制度下，农民土地权益的充分实现却存在诸多疑问：农地产权残缺为政府利用其政治强势地位低价征地高价出让获取土地增值收益创造了条件。在土地产生巨额收益的情况下，农民该如何确保土地增值收益权益的享有？行政机关对公共利益界定与解释的自由裁量权过大导致征地范围过宽和对征地权的滥用，农民该如何避免因征地权滥用而导致的权益受损？征地过程中农民的参与权和决策权未能得到有效行使与保护时，农民该通过何种途径实现对自己合法权益的有效保护？面对现行征地补偿标准偏低与农民补偿分配份额偏低的情况，农民该如何在征地补偿上寻求公平对待？征地产生的失地农民无法被纳入城市社会保障体系，他们又该如何寻求基本生活保障？

（三）农村集体建设用地流转过程中农民寻求合理利益分配的迷茫

农村集体建设用地流转是我国城镇化过程中土地资源优化配置的必然选择，在推进农村经济发展、增加农民财产性收入方面发挥着重要的作用，在加快城镇化发展、深化农村改革中处于关键位置。目前我国农村集体建设用地使用和管理中的各种问题，不仅导致了农村集体建设用地使用违规、大量土地闲散废置、农村生态环境条件逐渐恶化的严重现象，更对农民利益造成直接损害：二元土地产权制度导致农村集体建设用地进入市场时受到各种不合理限制，与国有土地不能实现同地同权同价，使农民不能平等地享受到改革开放与城镇化产生的成果与红利；模糊的土地产权关系使农民在集体建设用地流转中处于被动地位，在集体建设用地流转的收益分配中不能获取公平合理的报酬；农村集体建设用地在与不同区位的土地进行空间置换的过程中，会受到经济、社会、政策、生态等环境因素的影响，可能会影响空间置换的可实现程度，也可能会产生空间置换后土地流转效率较低的问题，农民通过空间置换获取土地红利的愿望无法得到保障。

在现行农地制度下，农民土地权益在实现过程中遭遇的一系列困惑、疑问与迷茫，以及严重的土地冲突问题和由此产生的各种社会矛盾，引发了各方对农地制度与农民土地权益的关注。在城镇化进程中如何保护以土地权益为核心的农民权益，让农民能够分享改革开放和工业化、城镇化带来的成果和红利，已经成为中国社会政治经济稳定与发展的首要问题。因此，本书将以城镇化为背景，对农地制度与农民土地权益保护问题进行研究与探讨。

二　研究意义

城镇化快速发展的过程伴随着大量农村人口向城镇的转移就业与居住和持续性的农地非农化转用。农村人口市民化完成后，其土地权益如何保障并没有明确的法律规定，现行用地制度和征地制度也没有按照市场原则保护农民在农地非农化过程中的土地权益，土地撂荒现象严重，农民普遍对用地制度不满，由此引发的社会矛盾与冲突越来越多，严重影响了社会稳定与经济发展。系统研究城镇化进程中的农民土地权益问题，尤其是探索农民土地权益在不同土地利用方式下的共同根源，对于预防与缓解因土地问题导致的纠纷与冲突，保障农民合法土地权益，维护社会稳定，推进新型城镇化质量的稳步提升与持续发展具有极为重要的理论意义与现实意义。

（一）理论意义

1. 丰富城镇化发展理念

我国传统城镇化建设是以城市为核心，片面强调城市的规划、建设与管理，强调城市规模的扩大、城市数量的增加和城市建设的现代化，但却忽视了对农村城镇化的发展与建设。在我国城乡二元体制的影响下，城乡发展不平衡越来越严重，城乡二元分割程度逐步加剧。与传统城镇化建设相比，党的十八大提出的城镇化基本特征更加突出城乡统筹和城乡一体化发展，在考虑城市发展与城市居民的利益之外，也更加充分地考虑农村发展与农民利益，使城乡协同发展，使农民能与市民一样平等地享有城镇化的成果。

传统城镇化研究中以生活在城镇（或城市）的人口占总人口的比重作为衡量城镇化发展水平的重要依据。而符合中国本土规律的城镇化不再是简单的城市人口比例增加和城市面积扩张，除了考虑人口城镇化指标外，更加关注从经济、社会、文化、政治制度和生态环境等多个方面的综合发展来衡量城镇化发展水平。目前，我国已经进入城镇化加速发展的重要时期，城镇化成为解决农业、农村和农民问题的重要途径，本文将从城镇化进程中农民权益的实现和保护出发，从人口、经济、社会、政治制度等多个方面对中国本土城镇化的内涵与目标进行深入研究，丰富城镇化发展理念。

2. 探索农民平等分享城镇化成果的制度基础

土地是农民最重要的财产之一，土地问题是农民问题中最大的问题，土地权益是农民所有权益中最根本的权益。城镇化发展的过程在解决"三农"问题的同时也产生了很多新的问题。其中最突出的问题是农地非农化趋势和农村劳动力非农就业与迁移趋势逐步扩大。在现行农地制度下，农地非农化主要通过土地征收渠道实现，农村劳动力非农就业与迁移势必带来农民土地流转与农地质量的变化。在土地征收和土地流转的过程中，由于程序与制度的缺陷，导致农民土地权益在土地流转和土地征收过程中遭遇了不同程度的侵害，因土地纠纷而爆发的土地冲突事件也越来越多，对社会经济发展、社会稳定和城镇化建设造成了较大的不良影响，农民土地权益保护问题成为"新三农"问题中各方最为关注的焦点问题。

本著将结合城镇化快速发展阶段农业人口城镇化趋势和土地资源非农化要求，围绕农村土地资源配置过程中农民土地权益面临的机遇和挑战进行分析，以优化土地资源配置效率和保障农民合法土地权益为目标，从现代产权制度、法律约束机制、民主决策机制和土地配置市场化4个维度出发，对农民土地权益保护问题进行深入分析与研究，探索农民平等分享城镇化成果的制度基础。

（二）实践意义

1. 推进城镇化的持续完善与发展，提高城镇化质量

有序推进农业转移人口市民化是党的十八大以来我国城镇化战略

的核心内容。农业转移人口市民化的过程不仅是农民就业转移和身份转变的过程，同时也是城乡资源流动与交换的过程。土地作为农民最重要的财产，其价值能否实现直接关系农民在城镇化进程中的利益得失，也关系着城镇化能否顺利发展和城镇化质量的提高。以城镇化为背景探索农民土地权益保护机制，一方面能够通过农民土地权益保护措施的改善来缓解因农村土地问题而产生的各种社会矛盾，推进城镇化的持续完善与发展，另一方面也能够通过土地制度、政府职能、法律保障和协调措施的改进来促进农民土地财产的实现，为农业转移人口市民化提供更多的条件保障，让农民平等地享有城镇化成果，提高城镇化质量。

2. 实现土地资源优化配置，维护农民的切身利益与权利

现行农地制度中存在农地产权模糊、农地使用权流转不畅通、征地制度不合理、征地补偿与增值收益分配制度不科学等诸多问题。法律制度不完善、政府职能的角色错位和农民自身维权意识与能力的不足使这些问题的解决更加困难重重，不仅导致土地交易过程中交易成本的增加、土地资源的粗放利用和土地资源配置效率的低下，而且造成农民土地合法权益受到严重侵害。针对这些问题，本著将以现行农地制度为主线进行具体分析，探索农民土地权益在现行农地制度下实现的障碍及改进的具体措施，赋予农民更加充分的土地财产权益，在切实维护农民切身权益的同时实现土地资源的优化配置。

第二节　农村土地制度与农民土地权益的研究现状

一　国内研究现状

国内学术界研究农地制度的文献可谓是汗牛充栋，但是对农民土地权益进行专门研究的文献相对较少。农民土地权益保护问题的相关研究与分析大多在农村土地制度研究的文献中有所涉及，研究的视角

大多从农村土地制度中的相关问题出发对农民土地权益进行探讨。我国实行的是农村土地集体所有和城市土地国家所有的二元土地产权制度，这种二元产权制度是建立在中国城乡二元社会结构之上的。以二元产权制度为依托，形成了我国土地资源配置的非市场化格局和对土地承包经营权流转的种种限制。在此背景下，国内对农民土地权益的研究基本上也都是围绕二元体制下的农地产权和土地的不同流转形式（农村承包地流转、土地征收、农村集体建设用地流转）展开的。研究主题和关注点主要集中在以下 5 个方面。

（一）农村土地所有制研究

土地所有制是农民土地权益实现的基本制度保障，学界目前从农地产权视角进行的土地所有制研究可以分为宏观研究和微观研究两部分。

从宏观角度进行的研究主要是对农村土地所有制改革进行的探讨，研究者的观点主要包括实行土地国有制、实行土地私有制和完善现有土地集体所有制 3 种观点。

1. 农地国有制主张及其论证

文迪波认为：农村土地集体所有制在实质上是仍然是农村土地国家所有制。"所谓'农村土地集体所有制'从来没有真实地存在过"。①农民以签订经济合同的形式进行土地承包和农业经营，以向国家缴纳地租的方式直接对国家负经济责任，集体只不过代表国家和农户签订合同。因此，文迪波认为应该还农村土地国家所有制的本来面目。杨勋从土地资源的稀缺性和特殊重要性出发，认为在土地国有、土地私有和土地集体所有 3 种所有制形式中，农村土地集体所有制不符合我国实际，其存在并不合理，是最不可取的一种所有制形式。他认为"国家所有，私人经营"才应该是农村土地产权制度的最佳选择，并认为这种土地国有私营的形式在我国农村具有现实的可行

① 文迪波：《还农村土地所有制形式的本来面目——国家土地所有制》，《农业经济问题》1987 年第 8 期。

性和可操作性。① 李宴赞同实行农村土地国家所有制，认为农村土地国家所有制的含义应该是"土地国家所有、委托管理、农户经营制"，即国家作为土地所有权主体，拥有土地所有权，由国家委托地方政府对土地行使管理权，农户享有经营权。并认为这种土地国家所有制是符合农村经济与社会发展的客观需要和人们的习惯认识的。② 安希伋认为应该实行土地国有永佃制，即让土地所有权归国家，土地使用权归农民，国家向农民征收土地税，并以法律明文规定的方式来确保农民拥有完整的土地使用权。③ 张德元认为，"实行土地国有化，是我国在现有制度基础上的最为现实的选择"，实行土地国有化以后，应该"赋予农民永佃权，即在土地国有的基础上确立国家和农民之间的永久性租佃关系"④。李平认为：明确土地归国家所有，并以此为基础建立起土地租赁经营机制，即实行土地国有、租赁经营的土地制度，是解决土地使用问题的根本途径。⑤ 窦祥铭通过批判与借鉴土地国有化、土地私有化和完善集体所有制 3 种土地产权方案，在思考土地法律所有权和经济所有权既可分离、又可统一的认识基础上，提出"国家终极所有，农民永久使用"的国家与农民二元产权制度，认为这种产权制度是一种更为可取的农村土地产权制度。⑥ 钱忠好在对农地特性、农地所有制的历史变迁、农地所有制创新的政治风险和改革成本等论证的基础上提出创建在国家占有基础上的农户个人所有制——复合所有制，认为国家拥有农地社会所有权、农户拥有农地个人所有权的复合所有制是我国农地的最佳所有制方式。⑦

---

① 杨勋：《国有私营：中国农村土地制度改革的现实选择——兼论农村改革的成就与趋势》，《中国农村经济》1989 年第 5 期。

② 李宴：《农村土地制度问题与改革取向制度比较》，《生产力研究》2009 年第 23 期。

③ 安希伋：《论土地国有永佃制》，《中国农村经济》1988 年第 11 期。

④ 张德元：《新型土地租佃制度刍议》，《经济前沿》2003 年第 4 期。

⑤ 李平：《土地国有租赁经营》，《农业经济问题》1988 年第 12 期。

⑥ 窦祥铭：《基于产权视角的中国农村土地制度创新模式探讨》，《理论探讨》2013 年第 1 期。

⑦ 钱忠好：《中国农村土地制度变迁和创新研究》，《中国土地科学》1998 年第 5 期；钱忠好：《复合所有制：我国农地市场建设的基本思路》，《经济研究参考》1999 年第 25 期。

2. 农地私有制观念及其论证

杨小凯认为"三农"问题的根本症结在于农地不属于农民所有，农民不认为土地是自己的私有财产，所以不会加大对土地的投入，因此，"土地所有权的私有化对中国未来的改革与发展意义重大"。① 文贯中认为，农地私有化势在必行。他通过对土地抛荒现象分析认为，实行土地私有化不仅是出于提高生产效率的要求，也是出于提高农民收入、保障农民权益、推进中国城市化，以及让中国加速融入世界经济中去的要求。② 他还提出，解决三农问题不能回避农地私有化。土地私有制下土地交易及征用补偿成本的大大提高会自动保障农民利益，也会使城市化进程更加稳步而健康。③ 李再扬通过制度分析的方法，得出中国封建社会战乱交替的根源在于其特殊的社会结构和土地制度，无法形成土地私有产权制度是近代中国发展停滞的主要原因，并认为土地私有产权制度的确立是建立市场经济和实现"现代化"的必要条件。然而，他并不认为只要确立了土地私有产权制度，就一定可以实现这一转变。④ 牛若峰认为在建立农民土地权益的保障机制和社会保障体系的前提下，实行土地所有权的农户私有将有利于保证农民土地权益不受侵犯，且有利于农业的规模经营。⑤ 蔡继明提出农地私有化改革的学术主张，从农地产权的稳定性、流动性、农村劳动力流动和农地的社会保障功能等方面讨论了农地私有化的优越性，认为农地私有是有效解决"三农"问题、加快中国城镇化进程、保证现代化目标实现的一个必要前提。⑥

---

① 杨小凯：《中国改革面临的深层问题——关于土地制度改革——杨小凯、江濡山谈话录》，《战略与管理》2002 年第 5 期。
② 文贯中：《农地私有化势在必行》，《财经时报》2005 年 10 月 10 日第 A07 版。
③ 文贯中：《解决三农问题不能回避农地私有化》，《中国与世界观察》2007 年总第 8、9 期。
④ 李再扬：《土地制度变迁的比较研究》，《当代经济科学》1999 年第 5 期。
⑤ 牛若峰：《将土地产权还给农民》，《调研世界》2004 年第 7 期。
⑥ 蔡继明：《论中国农地制度改革》，《山东农业大学学报》（社会科学版）2005 年第 3 期。

3. 农地集体所有制及其完善的观点

完善现有农村集体土地所有制是目前学界进行农村土地所有制改革研究的主流观点。学者们从宏观方面进行的研究，主要是在保持农村集体土地所有制不变的前提下，从土地承包权的物权化、长期化、市场化的方向对土地承包制进行完善展开的。如王小映从制度演变的角度分析了我国土地承包制的变迁方向，认为农村土地承包制已经和土地集体所有制融为一体，触动这一制度会引起农民对失去土地承包权的恐慌，容易引发社会震荡，只有实现土地承包权物权化，包括土地承包权的法定化、固定化、长期化、可继承化和市场化，才能从根本上完善现行农村土地集体所有制。[1] 迟福林等主张在集体土地实行家庭联产承包制度长期不变的政策下，应该尽快实现农村土地使用权长期化，赋予农民长期而有保障的土地使用权。[2] 党国英在分析现行农地制度演变的基本社会环境的基础上提出了农地制度改革的设想，即实现农村土地承包权的物权化、长期化、商品化[3]。此外，赵峰也对完善农村土地集体所有制提出了自己的观点和看法。赵峰认为我国农地制度运行的低效和失序源于委托安排的固有缺陷，而委托代理问题遭遇困境的根本原因在于农地产权制度和农地市场制度的缺陷。因此，他认为应该在集体所有制的基础上明确产权主体，明确产权界限，完善农地市场，建立有效的委托代理机制。[4] 马晓河、涂圣伟主张在保持现有土地承包关系长久不变的基础上，推进农村集体土地所有权、宅基地使用权的确权登记颁证工作。[5] 张红宇认为家庭承包经营制度仍然是我国农村最重要的基本制度，应该在稳定家庭承包经营

① 王小映：《土地制度变迁与土地承包权物权化》，《中国农村经济》2000 年第 1 期。
② 迟福林、王景新、唐涛：《赋予农民长期而有保障的土地使用权》，《中国农村经济》1999 年第 3 期。
③ 党国英：《关于深化农村土地制度改革的思考》，《国土资源》2003 年第 6 期。
④ 赵峰：《完善农地委托代理关系　提高农地制度运行效率》，《经济师》2003 年第 2 期。
⑤ 马晓河、涂圣伟：《新时期推进农村改革的战略思考》，《中国经贸导刊》2011 年第 1 期。

制度的基础上推进农地使用权流转，允许土地承包权的继承、抵押、转让、转租与互换，逐步实现承包经营权市场化。①

从微观方面进行的研究主要是从现有农村土地集体所有制下农村土地产权残缺及产权主体界定不清、农民的集体成员权、土地使用权等具体问题展开，如冀县卿、钱忠好、李建建认为集体土地产权残缺及产权主体界定不清是农民土地权益流失的制度根源。② 周其仁认为"集体公有制既不是一种共有的、合作的私人产权，也不是一种纯粹的国家所有权，它是由国家控制但由集体来承受其控制结果的一种中国农村社会制度安排"，在这一制度下，"国家控制下的集体化经济，存在着对共同生产监管活动缺乏激励而引起的无效率"，造成这一问题的要因是"国家行为造成的严重产权残缺"。③ 韩俊认为现行农地产权制度最主要的缺陷是地权的稳定性得不到有效保障，集体土地产权主体不清与产权残缺是地权的稳定性得不到有效保障的制度根源。④ 王利明、周友军从建立和完善集体经济组织成员权制度的角度对农村集体土地制度的完善提出自己的建议，认为应该通过确认成员权来明确集体土地的权利归属，明确农民作为集体成员的各种权利。⑤ 周联合认为在当前土地所有制下，保护农民权利的关键是要规范集体土地所有权的形式，落实好农民的集体成员权。⑥ 张忠野认为应该赋予农民与城市土地使用期限相统一的农村土地使用权期限，即赋予农民个人 70 年土地使用权。⑦ 叶剑平等人在对中国人民大学和美国农村发展

---

① 张红宇：《论当前农地制度创新》，《经济与管理研究》2005 年第 8 期。

② 李建建：《我国征地过程中集体产权残缺与制度改革》，《福建师范大学学报》（哲学社会科学版）2007 年第 1 期；冀县卿、钱忠好：《论我国征地制度改革与农地产权制度重构》，《农业经济问题》2007 年第 12 期。

③ 周其仁：《中国农村改革：国家和所有权关系的变化（上）——一个经济制度变迁史的回顾》，《管理世界》1995 年第 3 期。

④ 韩俊：《中国农村土地制度建设三题》，《管理世界》1999 年第 3 期。

⑤ 王利明、周友军：《论我国农村土地权利制度的完善》，《中国法学》2012 年第 1 期。

⑥ 周联合：《农村集体土地所有权主体论析》，《广东社会科学》2014 年第 2 期。

⑦ 张忠野：《农民地权制度的反思与构建》，《政治与法律》2009 年第 5 期。

研究所 2008 年组织的 17 省农村土地调查数据进行分析的基础上，对中国农村土地使用权政策对农户行为与农地使用的影响进行了分析，提出了赋予农民对耕地的永久使用权的建议。① 黄季焜、冀县卿通过分析农地使用权确权对农户进行农地投资行为的影响，发现农地使用权确权提高了土地使用权的稳定性，激发了农民对土地的长期投资意愿，认为农地使用权确权是维护农民土地权利的重要举措，并提出应该尽快落实农地使用权确权的建议。②

（二）农村土地承包经营权流转研究

国内学者关于农村土地承包经营权流转问题的研究主要是从农村土地承包经营权流转制度、流转市场、流转模式等方面进行了研究与探索。

1. 农村土地承包经营权流转制度研究

马晓河、崔红志认为建立农村土地使用权流转机制是实现区域农业生产规模化经营的基础条件，并对我国农地流转现状及如何建立农地流转制度进行了分析和设计。③ 史志强在对发达国家土地流转制度进行分析与借鉴的基础上提出土地流转应该受到国家制度和法律规范的约束，规范我国土地流转首先应该制定和完善我国土地流转制度。④戴中亮、吴郁玲、曲福田等运用新制度经济学相关理论对土地流转制度进行了分析，认为我国土地流转制度具有诱致性制度变迁的特征。吴郁玲、曲福田进一步提出我国土地流转制度的形成是一个由需求引致型向供给主导型转变的过程，需求引致型制度必然要让位于供给主导型制度，由政府利用其在政治力量和资源配置权力上的优势地位，

① 叶剑平、丰雷、蒋妍、罗伊·普罗斯特曼、朱可亮：《2008 年中国农村土地使用权调查研究——17 省份调查结果及政策建议》，《管理世界》2010 年第 1 期。

② 黄季焜、冀县卿：《农地使用权确权与农户对农地的长期投资》，《管理世界》2012年第 9 期。

③ 马晓河、崔红志：《建立土地流转制度，促进区域农业生产规模化经营》，《管理世界》2002 年第 11 期。

④ 史志强：《国外土地流转制度的比较和借鉴》，《东南学术》2009 年第 2 期。

决定制度供给的方向、形式、进程及战略安排，从而推动土地流转制度的成熟完善。① 丁关良对土地流转制度存在的法律问题进行了研究，并提出了土地承包经营权流转的专项立法建议。②

2. 农村土地承包经营权流转市场研究

叶剑平、钱忠好等人认为产权及制度问题是制约农地流转市场发展的主要因素。其中，叶剑平等人基于中国人民大学和美国农村发展研究所（RDI）2005 年组织的 17 省农村土地调查数据对中国农村土地流转市场的现状、特点和影响因素进行了分析，认为目前中国农地流转市场发展缓慢，产权和制度因素是制约其发展的主要因素。③ 钱忠好在系统分析了农地承包经营权产权残缺对农地市场流转的作用机理和影响作用的基础上，得出农地承包经营权的不完全性是现阶段农地市场发育缓慢的产权原因的结论，必须按物权理论规范农地承包经营权制度，从产权安排上克服农地流传市场的产权制度瓶颈。④ 邓大才认为土地流转市场的形成取决于土地产出收益及农地需求因素，制度因素并非农地流转市场形成的直接原因，却是农地流转市场发展与完善的必要条件。⑤ 他提出了土地承包经营权市场的形成需要市场流转规则、市场流转载体、市场流转组织和市场形成价格 4 个要件，基于这 4 个要件来评估，他认为中国目前并没有真正意义上的农地流转市场，建设土地承包经营权流转市场必须从规则、建章、立市、管理、服务、监督、保障 7 个环节进行构建。⑥ 梁芷铭通过分析国外土

① 吴郁玲、曲福田：《土地流转的制度经济学分析》，《农村经济》2006 年第 1 期。
② 丁关良：《土地承包经营权流转制度法律问题研究》，《农业经济问题》2011 年第 3 期。
③ 叶剑平、蒋妍、丰雷：《中国农村土地流转市场的调查研究——基于 2005 年 17 省调查的分析和建议》，《中国农村观察》2006 年第 4 期。
④ 钱忠好：《农村土地承包经营权产权残缺与市场流转困境：理论与政策分析》，《管理世界》2002 年第 6 期。
⑤ 邓大才：《农地流转市场何以形成——以红旗村、梨园屯村、湖村、小岗村为例》，《中国农村观察》2009 年第 3 期。
⑥ 邓大才：《关于土地承包经营权流转市场的几个重大判断》，《学术研究》2009 年第 10 期。

地流转经验，认为市场在解决土地流转中具有基础作用，发达的土地市场可以推动农地所有权、使用权、收益权及处分权的分离，促进土地交易，保障土地权利的最大发挥。① 丁文、冯义强认为我国土地承包经营权流转市场实际上只有一种"政府出资、政府经营、政府监管"的"官办模式"，这种模式存在法律规范缺位、主体地位缺失、流转形式单一以及底层逻辑缺失等问题，应从完善法律规范、实现主体自治、拓宽流转形式以及加深社会认同等方面完善土地承包经营权流转市场。②

3. 农村土地承包经营权流转模式研究

杨德才、杜朝晖、马晓河等认为目前我国农村土地流转的主要模式有：股田制、股份合作制、出租与反租倒包、转包、转让、"四荒"拍卖、互换、代耕、委托经营等形式。此外，有些地方还出现了租赁、信托、抵押、联营、集体农场等多种形式。其中，杨德才认为股田制具有产权明晰、直接利益激励充分、农户权利得到充分尊重、经营管理规范透明等优势。他在对几种土地流转模式进行分析的基础上，提出股田制是当前最佳的土地流转模式。③ 孟祥远、杨小辉、孔祥智等对部分地方土地流转模式进行了研究。孟祥远对嘉兴模式和无锡模式的土地流转制度设计与实践进行了研究，两种模式都是在城市建设用地需求剧增和不减少耕地的原则下，通过城镇建设用地增加与农村建设用地减少相挂钩实现耕地占补平衡。在城市雄厚的经济实力的支持下，运用这两种模式进行城镇规划和村庄规划，为引导农民向城市和城镇的集聚与集中居住，为农民提供了与城镇居民同等的社会保障待遇，包括户籍制度、子女教育、就业、社会保障和社区管理等

① 梁芷铭：《政府规范与市场交易：土地流转的国际实践与经验》，《农业考古》2014年第6期。

② 丁文、冯义强：《土地承包经营权流转市场的问题与对策研究》，《华中师范大学学报》（人文社会科学版）2016年第3期。

③ 杨德才：《论我国农村土地流转模式及其选择》，《当代经济研究》2005年第12期。

多项配套政策。① 杨小辉具体分析了芜湖模式、南海模式、监利模式、嘉兴模式的优点和缺点，认为上述每一种模式虽然都有所创新，但都未对家庭承包经营制度实现重大突破，都存在一些问题。在此基础上，提出土地流转应该通过强化法律落实和规范管理来实现集体承包土地的有序流转，通过严格履行流转程序和加强监管力度来实现农村集体建设用地的规范流转。② 孔祥智等对浙江、安徽、四川 3 省的流转模式进行了比较分析，认为浙、皖、川 3 省土地流转模式存在土地流转信息平台建设滞后、农民的流转主体地位缺失、参与监督机制与纠纷解决机制不健全等问题，并提出了相应的解决措施。③ 丁关良、袁震对土地承包经营权流转方式进行了法理分析，其中丁关良还对转包、转让、出租、互换、入股、抵押、继承、代耕等多种方式在进行法理分析的基础上进行了分类。

（三）农村集体建设用地流转研究

国内学者关于农村集体建设用地流转制度对农民土地权益保护的研究始于 2002 年，主要从集体建设用地流转的制度设计、集体建设用地使用权流转市场化、集体建设用地收益分配问题这 3 个方面展开研究。

1. 农村集体建设用地流转制度研究

叶艳妹、彭群等人以城镇化工业化进程为背景和要求提出了农村集体建设用地流转制度的设计思路，即：将农村集体建设用地所有权和使用权相分离，在保留集体建设用地所有权不变的前提下，充分发挥市场机制在资源配置中的基础性作用，建立农村集体建设用地使用权有偿、有期限、有流动的使用制度，并建立起与之相适应的市场体

① 孟祥远：《城市化背景下农村土地流转的成效及问题——以嘉兴模式和无锡模式为例》，《城市问题》2012 年第 12 期。
② 杨小辉：《农村土地流转模式探究之皖鉴》，《云南社会主义学院学报》2013 年第 5 期。
③ 孔祥智、伍振军、张云华：《我国土地承包经营权流转的特征、模式及经验——浙、皖、川三省调研报告》，《江海学刊》2010 年第 2 期。

系和管理体系。① 戴德军从土地所有制结构改革、农村集体建设用地使用权立法、配套制度规范和保护农民土地财产权等几个方面阐述了构建农村集体建设用地流转制度的思路。张四梅从优化资源配置方式的角度，以引入市场机制、理顺政府职能为核心对集体经营性建设用地流转制度的总体框架进行了构想与设计。喻文莉、陈利根认为应该在集体建设用地使用权领域引入土地出让制度，并允许通过出让途径获得的集体建设用地使用权再次进入流转程序，确认集体建设用地使用权流转的合法性。②

2. 集体建设用地使用权流转市场化问题研究

吴月芽从土地产权理论及现实基础分析了农村集体建设用地使用权进入市场流转的现实可行性，认为农村集体建设用地使用权实行市场化流转是社会经济发展的客观要求，应该通过政策法规正确引导其入市流转。③ 高圣平、刘守英对浙江湖州、安徽芜湖、广东南海、江苏昆山车塘村、南海洲村等地的集体建设用地进入市场的经验和具体做法进行了阐述与总结，分析了集体建设用地隐性市场普遍存在与国家相关法律规定冲突的客观现实及其造成的无法合法保护农民土地权利的情况，提出应该从根本上对集体建设用地进入市场进行政策和法律上的改革与调整。④ 蒋省三等从广东集体建设用地使用权流转的具体实践出发，分析了建立合法化的集体建设用地流转市场的必要性，并在借鉴广东集体建设用地流转的相关地方规定的基础上提出了规范集体建设用地流转的具体措施。⑤ 王文等认为集体建设用地流转属于

① 叶艳妹、彭群、吴旭生：《农村城镇化、工业化驱动下的集体建设用地流转问题探讨——以浙江省湖州市、建德市为例》，《中国农村经济》2002 年第 9 期。

② 喻文莉、陈利根：《困境与出路：城市化背景下的集体建设用地使用权流转制度》，《当代法学》2008 年第 2 期。

③ 吴月芽：《农村集体建设用地使用权入市流转的可行性探析》，《经济地理》2005 年第 3 期。

④ 高圣平、刘守英：《集体建设用地进入市场：现实与法律困境》，《管理世界》2007 年第 3 期。

⑤ 蒋省三、刘守英：《农村集体建设用地进入市场势在必行》，《安徽决策咨询》2003 年第 10 期。

市场行为，基层政府代行交易的做法不利于流转市场的规范，应该退出市场交易，仅履行管理职能，尽量采取市场方式形成和分配流转收益。① 蒋巍巍认为允许集体非农建设用地入市不仅违宪，而且会导致集体土地大量流失和国有土地使用权市场的枯竭，应该采取非市场机制，通过征用的办法对集体土地进行运作。② 季学明等认为纯市场方式调节与完全行政划拨的流转方式并不能解决土地短缺与土地非农转用的矛盾，应该在农村集体土地流转过程中将市场作用与国家的宏观调控作用结合起来，既发挥市场的价格调节作用和供求平衡作用，又发挥国家在宏观层面的管理、指导和监督作用。③

3. 集体建设用地收益分配问题研究

卢吉勇、陈利根认为集体建设用地流转收益应该以保护农民利益为原则，根据各地经济发展和农民生活的实际水平来进行分配。④ 赵海娇认为目前的集体建设用地收益分配存在的问题在于农民集体成员权的概念及权利没有清晰明确的法律认定；集体建设用地确权登记推进缓滞导致集体建设用地产权不清晰，农民权益无法得到全面实现；土地财政背景下政府参与集体建设用地流转收益比例混乱，政府与农民存在争利现象；土地用途规划限制下不同土地权利主体享有的分配收益不公平；利益主体的收益分配比例确定缺乏理论支持与实践经验的合理支撑，这些问题导致了目前集体建设用地收益分配对农民不利的格局。⑤ 李延荣认为，应该按照市场规则对集体建设用地流转收益

---

① 王文、洪亚敏、彭文英：《集体建设用地使用权流转收益形成及其分配研究》，《中国土地科学》2009 年第 7 期。

② 蒋巍巍：《集体土地使用权及集体非农建设用地流转问题分析》，《中国土地科学》1996 年第 S1 期。

③ 季学明、吴志冲：《上海农村部分土地非农化立法问题浅议》，《上海农村经济》1996 年第 8 期。

④ 卢吉勇、陈利根：《集体非农建设用地流转的主体与收益分配》，《中国土地》2002 年第 5 期。

⑤ 赵海娇：《集体经营性建设用地入市收益分配法律问题研究》，《山东农业大学学报》（社会科学版）2016 年第 2 期。

分配进行制度设计，以土地使用权人和土地所有者等土地权利主体作为收益分配的主体，国家可以以土地增值税的形式参与土地流转收益分配。① 左小兵、冯长春认为政府在集体建设用地流转收益分配中的职责是调节收益，而不应该直接参与集体建设用地流转收益分配，合理的分配机制应该在明晰产权、规范程序的基础上细化收益分配方式、明确分配比例、配套明确且具有可行性的操作程序。② 杨继瑞等根据马克思的地租理论提出我国在集体建设用地收益分配中应该保护农村集体或农户等弱势主体利益，认为政府与国家不应该直接参与收益分配，而且应该防止行政权力在参与收益分配中对农村集体或农民利益的损害。③ 崔娟、陶镕认为集体土地使用权流转中使用权价值流失、流转收益被截留、贪污、私分与浪费是集体土地流转收益分配存在的主要问题，应该由集体成员共同决定收益分配关系，由政府通过税收对集体建设用地流转收益进行调节，防止行政权力对集体土地流转收益分配中农民权益的侵害。④

（四）征地制度研究

关于征地制度的研究主要包括对征地制度缺陷问题、"公共利益"与征地范围、征地补偿安置、征地程序、征地冲突等问题的探讨与分析。

1. 征地制度缺陷研究

钱忠好、曲福田通过分析我国现行土地征用制度下政府、农民、厂商三方的利益受益或受损情况，得出现行土地征用制度的典型特征是政府垄断的结论，认为政府垄断的征地制度违背了一致同意原则，

---

① 李延荣：《集体土地使用权流转中几个值得注意的问题》，《法学杂志》2007 年第 5 期。

② 左小兵、冯长春：《集体建设用地流转中的农民权益保障》，《中国土地》2010 年第 5 期。

③ 杨继瑞、帅晓林：《农村集体建设用地合理流转的支撑体系：权益分配抑或外部环境》，《改革》2009 年第 12 期。

④ 崔娟、陶镕：《集体建设用地使用权流转可行性之法理分析》，《中国土地科学》2009 年第 8 期。

存在土地征用目标泛化、征地补偿标准偏低等缺陷，在一定程度上侵害了农民土地权益，应该从公共利益界定、补偿标准与补偿机制、农民社会保障、征地约束机制等方面进行改革和完善。① 汪晖认为我国现行征地制度在征用权行使、征地范围、征地补偿等方面都存在缺陷，这些制度缺陷导致了土地市场混乱、土地利用低效和农民土地权利受损现象，进而引发了许多社会问题，必须对现行征地制度进行改革。② 李平、徐孝白通过对土地征用的国际经验和中国方法的讨论，对我国征地制度在公共目的界定、征地补偿标准与补偿分配、征地程序方面的缺陷进行了分析及建议。③ 冀县卿、钱忠好认为农地产权制度的缺陷导致了土地征收中农民土地权益的受损，提出征地制度的改革思路应该以"尊重农民土地财产权利"为思想指导，重构农地产权制度，约束政府征地行为，通过规范政府征地行为以有效保护农民土地权益。④

2. "公共利益"与征地范围研究

"'公共利益'作为土地和财产征用的合法性前提，是我们判断任何行政征用是否合法的前提。"⑤ 然而，目前在我国宪法和相关法律文本中，公共利益的概念只是以一种"抽象原则的形式"出现的，宪法和相关法律中并没有对公共利益的概念做出明确具体的解释与界定，因此，对公共利益的解释与适用就成为行政机关自由裁量的权力。

---

① 钱忠好、曲福田：《中国土地征用制度：反思与改革》，《中国土地科学》2004 年第 5 期；钱忠好、曲福田：《规范政府土地征用行为　切实保障农民土地权益》，《中国农村经济》2004 年第 12 期。

② 汪晖：《城乡结合部的土地征用：征用权与征地补偿》，《中国农村经济》2002 年第 2 期。

③ 李平、徐孝白：《征地制度改革：实地调查与改革建议》，《中国农村观察》2004 年第 6 期。

④ 冀县卿、钱忠好：《论我国征地制度改革与农地产权制度重构》，《农业经济问题》2007 年第 12 期。

⑤ 申建林：《对行政征用中的公共利益的认定》，《武汉大学学报》（哲学社会科学版）2007 年第 4 期。

申建林从行政征收合法性的角度对公共利益问题进行了分析。他认为对公共利益法定解释的缺乏导致公共利益在行政征用中的范围限制作用形同虚设，行政机关对公共利益解释和界定的自由裁量权过大，政府以公共利益的代表者和维护者的身份将保障政府利益的需要等同于维护公共利益的需要，使公共权力的边界在征用行为中彻底瓦解。针对这一问题，他提出在进行行政征用的公共利益界定时，判定行政征用所实现的利益是否具有公共性才是行政征用的合法性基础，即："公共性判断才是行政征收合法性认定的关键。"①

张千帆与王成栋、江利红从区分公共利益与个人利益的角度对公共利益界定提出了不同的看法。张千帆认为公共利益其实就是私人利益的总和，两者在本质上并不是完全不同的概念，因此，界定公共利益和私人利益几乎是不可能的。他在借鉴美国联邦宪法对"公用征收条款"的解释和美国法院相关判例的基础上，建议中国应该将对"公共利益"的理论界定的注意力转移到制度建设上，并提出由选民选举产生且代表人民利益的代议机构（如中国的全国和地方人民代表大会及其常委会）对"公共利益"进行界定将是一个更好的选择。② 而王成栋、江利红则认为公共利益是通过公权力来实现的国家任务，个人利益是通过私法活动来实现的社会任务，从这个角度来看，个人利益与公共利益区分明确，公共利益仅限于公共设施、公共工程建设等公用事业。③

周其仁与汪晖分析了公共利益界定模糊的问题。周其仁认为含糊不清的农地转让限制条件在加速城镇化对农地转用需求增大的情况下，必然导致约拉姆·巴泽尔指出的困境："离开了清楚界定并得到

---

① 申建林：《对行政征用中的公共利益的认定》，《武汉大学学报》（哲学社会科学版）2007 年第 4 期。
② 张千帆：《"公共利益"的困境与出路——美国公用征收条款的宪法解释及其对中国的启示》，《中国法学》2005 年第 5 期。
③ 王成栋、江利红：《行政征用权与公民财产权的界限——公共利益》，《政法论坛》2003 年第 3 期。

良好执行的产权制度，人们必定争相攫取稀缺的经济资源和机会"①，在这种情况下农民的利益最终会受到损害。汪晖认为公共目的或公共利益的界定不清与土地征用相关法律规定的相互矛盾为政府滥用土地征收权创造了条件，导致农民土地权益得不到有效保障。②

陈锡文与周莹探讨了公共利益限定范围过宽导致的土地征收权滥用问题。陈锡文认为政府以公共利益的名义几乎将任何经营性用地都纳入了征地权行使的范围，过宽的征地范围不仅使征地行为不符合市场经济规律，而且导致了大量的失地农民悲剧。③ 周莹认为各级政府在利益驱动下对征收过程中"公共利益"的解释具有尽量扩大公共利益范围的基本倾向，这一倾向极大地为政府滥用土地征收权提供了方便④。

冯耀云提出了公共利益认定的行政主导性问题，认为我国公共利益认定的行政主导性太强，公共利益认定的行政主导化及其导致的征收泛化，造成了对被征收人的权利损害。⑤

赵红梅、赵理尘、姜杰等少数学者则认为没有必要区分"公共利益"和"非公共利益"，国家可以为了"公共利益"征地，也可以为了"非公共利益"征地。

3. 征地补偿安置问题研究

杨一帆对征地补偿和失地农民保障方面的代表性文献进行了重新梳理，并对大部分学者的研究进行了概括，认为现行征地补偿制度的调整应该综合考虑合理的经济补偿、一定的就业和发展安置与社会保

① 周其仁：《农地产权与征地制度——中国城市化面临的重大选择》，《经济学（季刊）》2004 年第 4 期。
② 汪晖：《城乡结合部的土地征用：征用权与征地补偿》，《中国农村经济》2002 年第 2 期。
③ 陈锡文：《抓住重点学习贯彻一号文件》，《经济日报》（农村版）2004 年 2 月第 09T00 版。
④ 周莹：《保障农民权益，严格界定公益性用地》，《经济导刊》2008 年第 1 期。
⑤ 冯耀云：《冲突的持续性：S 村农民与政府征地纠纷问题研究》，博士学位论文，吉林大学，2013 年。

障等几个方面的因素。在此基础上，他提出了对征地补偿改革的出路：一是提高现行征地补偿标准，二是重视补偿安置费的内部结构对于土地功能替代的对应，实施更倾向于失地农民获得直接利益的征地安置费的分配方式。① 陈江龙、曲福田对土地征用补偿的各种理论依据与原则进行了分析，认为土地征用补偿理论与原则的选择应该与社会经济发展水平相适应，实现动态变化，并提出按照土地市场价格确定征地费和实行多元化的土地补偿方式。② 周其仁就征地补偿问题提出了如下看法：其一，征地补偿偏低与农户不参与征地补偿谈判有关；其二，现行征地制度中的农村土地转让权管制与农村土地转用价格管制妨碍了市场机制在土地资源配置中的作用，引发了征地补偿分配的不公正；其三，在现行征地补偿机制不变的基础上提高补偿倍数并不能反映被征土地的真实相对价格；其四，征地补偿应该改变"原来用途产生的收益"的现行补偿基准和最高 30 倍的补偿倍数选择，应该考虑"国家征地按市价补偿"的新原则。③ 刘卫东、彭俊提出：征地补偿合理化标准确定应该遵循合理化原则与公平性原则，区分土地财产权和农民公民权，并根据失地农民土地财产权益的实际损失和政府出让土地价格，对土地征用补偿的支付能力分别进行计算。④ 吕图提出在原有"土地补偿费、安置补助费、地上附着物和青苗补偿费"的基础上再增加"社会保障费、生活补助费、转岗期间费用补助和其他费用"等补偿内容。⑤ 汪晖、黄祖辉认为农地征用按照原用途补偿的本质就是对土地征收 100% 的增值税，将征地农民完全排除在

---

① 杨一帆：《失地农民的征地补偿与社会保障——兼论构建复合型的失地农民社会保障制度》，《财经科学》2008 年第 4 期。

② 陈江龙、曲福田：《土地征用的理论分析及我国征地制度改革》，《江苏社会科学》2002 年第 2 期。

③ 周其仁：《农地产权与征地制度——中国城市化面临的重大选择》，《经济学（季刊）》2004 年第 4 期。

④ 刘卫东、彭俊：《征地补偿费用标准的合理确定》，《中国土地科学》2006 年第 1 期。

⑤ 吕图：《建立新型征地补偿原则探讨》，《安徽农业科学》2016 年第 7 期。

分享土地增值收益之外，使农民不能平等分享工业化城镇化的成果，应该实行以土地市场价值为基础的征地补偿。[1]

4. 征地程序问题研究

程洁认为，规范征地权的关键是进行程序性制约。程序性失权是当前征地权滥用的关键。中国征地程序规则失范突出表现在规范模糊与程序性权利无保障。土地征收征用法律与实践中程序规范的缺位，直接导致了中国土地权利的弱化与不稳定，损害了财产关系的稳定、土地资源的有效利用和政府与民众之间的互信关系，必须通过法律充分承认和保障正当程序在土地交易中的作用与功能，在土地征收征用中强调公告程序、公听程序、公裁程序的规定与实现，引入程序违法的归责原则，促使司法审查提早介入土地征收征用纠纷。[2] 梁亚荣认为土地征收程序在从属价值和内在价值两方面的缺陷是造成我国征地权被滥用、农民利益受损的一个重要原因。[3] 彭立锋对国际农地征收程序进行了比较，认为发达国家农地征收程序具有的高度公开性、民主性和中立性有利于防止农地征用权滥用、保障农地权利人合法权益、促进农地交易可持续发展，对我国农地征收程序具有借鉴意义[4]。王书娟通过对立法和法律实施层面的考察，发现土地征收程序规范设计的偏差和实施中的失范使我国现有征地程序在保障公平、提高效率、限制权力、保护权益、化解纠纷等方面的功能发挥存在障碍。[5] 杨春禧认为征地程序的制度性缺陷是征地纠纷频发的重要原因，应该建立公开透明、公平正义和民主参与的征地程序，增强农民与政府互

---

① 汪晖、黄祖辉：《公共利益、征地范围与公平补偿——从两个土地投机案例谈起》，《经济学（季刊）》2004 年第 4 期。

② 程洁：《土地征收征用中的程序失范与重构》，《法学研究》2006 年第 1 期。

③ 梁亚荣、付坚强：《论参与型土地征收程序的构建》，《江淮论坛》2006 年第 5 期。

④ 彭立峰：《农地征收程序的国际比较及其借鉴》，《经济体制改革》2008 年第 5 期。

⑤ 王书娟：《功能主义视角下我国土地征收程序之完善》，《福建论坛》（人文社会科学版）2014 年第 8 期。

信，限制政府权力滥用，给予农民合理征地补偿。① 晋洪涛等认为，农民在征地谈判中的不利地位主要来自现行征地程序安排的不公。政府使用各种非正式手段使农民在征地过程中几乎完全处于劣势地位，加剧了农民利益的流失，应该把实现程序公平作为未来征地制度改革的基本方向，建立一个让农民平等分享城市化和现代化果实的征地制度。②

5. 征地冲突研究

谭术魁、齐睿对征地冲突问题进行了系统研究，对国外有关土地冲突及其管理的研究成果进行了系统梳理及分析。在对国外土地冲突问题研究的基础上，谭术魁、齐睿在国内学术界中最早对土地冲突的概念进行了界定，对征地冲突频发的原因进行了全面分析，认为经济、人口、行政、法律等原因是中国土地冲突事件频发的真正原因，征地制度缺陷则是征地冲突的根源。在基于已有研究成果的基础上，提出了我国土地冲突分类方案，对征地冲突后果评价和预警评价指标体系进行构建，提出了治理征地冲突的"三步走"策略。③ 祝天智认为农村征地中利益边界、是非边界和冲突中的行动边界是农村征地冲突的核心边界。模糊的边界造成利益交叠和纷争，导致冲突加剧，基层政府与农民在征地冲突中博弈行为的灰色化，则加剧了征地冲突的非规范性，造成征地冲突的预防和化解的极大困难。④ 此外，祝天智还从公正视域和国家与社会关系视野对农村征地冲突与治理问题进行了分析。

综上所述，国内学者围绕我国独特的城乡二元社会结构形成的二元土地产权制度，以及以二元土地产权制度为依托形成的土地资源的

---

① 杨春禧：《论征地程序改革与和谐社会构建》，《社会科学研究》2005 年第 5 期。

② 晋洪涛、史清华、俞宁：《谈判权、程序公平与征地制度改革》，《中国农村经济》2010 年第 12 期。

③ 谭术魁、齐睿：《三步走治理征地冲突》，《团结》2013 年第 3 期。

④ 祝天智：《边界模糊的灰色博弈与征地冲突的治理困境》，《经济社会体制比较》2014 年第 2 期。

非市场化配置等问题对农地制度和农民土地权益保护问题展开研究，研究的角度主要集中在农村土地所有制、征地制度、土地承包经营权流转、农村集体建设用地流转等 4 个方面。关于农村土地所有制问题，国内学者形成了实行土地国有制、实行土地私有制和完善现有农村土地集体所有制 3 种不同的观点，其中完善现有农村土地集体所有制成为目前国内学术界进行农村土地所有制研究的主流观点。关于征地制度，国内学者从宏观和微观两种视角对现行征地制度进行了研究，并提出相应的问题及措施。关于土地承包经营权流转问题，国内学者主要从农村土地流转制度、土地流转市场、土地流转模式等方面展开研究。关于集体建设用地流转问题，国内学者对这一问题的研究主要集中在农村集体建设用地流转制度构建、集体建设用地使用权流转市场化和流转收益分配等方面。从现有研究情况来看，国内学者关于农地制度与农民土地权益研究涉及的研究范围较为全面，涉及到与农民利益切实相关的各项土地制度与具体措施。学者们从不同的研究主题出发，形成了丰富的观点，在观点碰撞中促进了新思路的产生，对我国农地制度改革与农民土地权益保护的发展具有非常重要的指导意义与参考价值。但通过对众多关于农地制度与农民土地权益保护的文献的梳理可以发现，现有研究中对农地制度与农民土地权益保护的研究内容并不系统，研究视角也多是从某一个或某几个角度对农民土地权益问题进行关注，尚不够全面，对农民权益主体和权益内容的复杂性分析不够深入，有待研究者从历史、经济、社会、法律、制度等更为全面的视角对农民土地权益保护问题继续进行系统深入的研究与分析。

二 国外研究现状

国外大部分国家的土地制度实行的是建立在物权法基础之上的土地私有制，通过严格的法律对土地所有者和使用者的权利与义务进行规范，土地的产权所有人可以在法律规定的范围内对其所拥有的土地产权进行自由处置。在国外较为完善的市场体系下，土地资源主要以市场机制为手段进行配置，市场机制主导下的土地的所有权和使用权的流转基本上不受限制，能够较好地保护土地流转双方的利益，尤其是基于土地的财产权利能够得到充分保障。因此，国外关于农民土地权益问题的研究主要是从农地非农化流转方面展开的，研究角度主要集中在地权的安全性和征地制度两个方面。

（一）地权安全性问题研究

国外许多学者认为，地权的不安全性是导致农民土地权益受损的制度根源。土地产权安全性与稳定性会影响土地的投资及生产效率，稳定的地权促进土地所有者对土地的投资，提高土地利用效率和农业技术，进而增加土地生产力，提高农民收入，提高土地流转的效率。不安全的地权会影响农户对土地投资的积极性，影响农业技术的应用及推广，导致土地的低效利用，进而导致土地生产力下降。

1. 地权的不安全性是农民土地权益受损的根源

学者 H. G. Jaeoby, Guo Li 和 Scotte Rozelle 认为土地利益的再分配和土地征收等因素带来的地权不安全会影响农户的基本生存和农户对土地投资的延续性，导致农户基于土地的利益没有得到有效的实现和保护，这种地权的不安全性正是导致农民土地权益受损的制度根源。[①] Loren Brandt 等学者也认为地权的不安全性会直接导致农民土地权益受损，并进一步指出地方政府行为对地权安全性的影响是导致农民土地权益受损的直接原因。[②] 关于政府行为对地权安全性的影响问题，Butler 等人认为必须明确政府职责定位，约束政府不合理的土地管制

---

① H. G. Jaeoby, Guo Li & Scotte Rezelle, "Hazards of Expropriation : Tenure Insecurity and Investment in Rural China", *Department of Agricultural and Resource Economics University of California*, *Davis*, Working Paper No. 02 – 007, 2002.

② Loren Brandt, Scotte Rezelle & M. A. Turner, "Government Behavior and Property Rights Formation in Rural China", *Department of Agricultural and Resource Economics University of California Davis*, *Working Paper*, February, 2002.

行为，应该通过合法、透明、有效的手段对土地利用进行管制，政府不能侵犯土地市场的独立性和公民个人的土地产权。[①] 还有外国学者则指出了宪法在保护土地财产权、约束土地使用控制中的官方行为具有非常重要的作用。[②]

2. 地权的不安全性影响对土地的投资利用

Alchian 和 Demsetz 认为，土地产权的稳定性与土地所有者对土地的投资激励成正比。土地产权越稳定，土地所有者对土地进行长期投资就越有信心；相反，土地产权越不稳定，受到的限制越多，土地所有者对土地进行长期投资的信心就会越弱。[③] Berry 认为，清晰合理的土地产权有利于刺激土地所有者通过不断提高技术水平来增加对土地的投资，以促进土地利用效率的提高，从而增加土地进行市场交易的机会，促进经济的稳定发展。[④] Jimenez、Friedmanetal、Holy 等人的研究表明，不完全的土地产权导致地权安全性降低，从而导致农民出于对土地征收后不能获取公平合理的补偿的担心而对土地投资的积极性降低，影响土地生产效率的提高。Liu、Carter 和 Yao 对中国土地使用权的稳定性问题进行了研究，指出不稳定的地权关系和对农户土地权益的限制导致了农民对土地投资积极性的降低，影响了农业技术的进步和土地产出率的提高。[⑤] 米切尔·卡特、米切尔·罗斯和格中·费达等认为，清晰明确的产权是土地制度的核心，对于提高农业投资与

① Larry D. Butler, Dennis Thompson, *Rangeland Professionals and Policy Development in the United States*, Rangelands, 2002, pp. 33 – 35.

② 斯图亚特·S. 那格尔编著：《政策研究百科全书》，林明等译，科学技术文献出版社1990年版。

③ Alchian A. and Demsetz, "The Property Rights Paradigm", *Journal of Economic History*, 1973.

④ Berry, A., "When do Agricultural Export-help the Rural Poor? Apolitical-economy Approach", *Oxford Development*, Studies, No. 2, 2001.

⑤ Liu, Shouying, Mieheal R. Cater and Yang Yao, "Dimensions and Diversity of Property Rights in Rural China: Dilemmas on the Road to Further Reform", *World Development*, Vol. 26, No. 10, 1998, pp. 1789 – 1806.

农业绩效具有重要影响，明确而有保障的土地产权对于激励投资、提高农场生产力、降低土地交易成本、提高土地交易效率、减少土地纠纷具有积极意义。[①]

（二）土地征收问题研究

征地制度是国家为了公共利益的需要所做的一种制度安排，世界上大多数国家都建立了土地征收制度。国外关于土地征收征用的理论与实践研究比较成熟，在土地私有制的基础上，无论是界定征收范围的公共利益、征地补偿的原则和标准，还是征地补偿的司法保障，大多数西方国家均形成了较为完善的市场机制和法律约束体系，其关于土地征收制度的相关设计和研究值得学习和借鉴。

1. 征地范围的限定问题

关于征地范围的限定，R. Barlowe、Larbi 等认为征用的土地只能用于公共目的，如道路、街道、公共设施等。[②] Holt 等人认为，征用权只有在满足不可避免和为了公共利益这两个条件的情况下才能被运用，并且应该按照《宪法》的规定，将土地征用严格控制在公共利益限定的范围内，并在政策和法律中明确具体地列出可以动用征地权力的"公共利益"。[③] Munch 和 Miceli 认为应该进一步明确征地目的，缩小征地范围。[④]

2. 征地补偿问题

关于征地补偿的原则，R. Barlowe、Larbi 等认为对征用的土地应

---

① 米切尔·卡特：《土地制度与农业绩效》，北京大学出版社 1999 年版。

② Raleigh Barlowe, *Land Resource Economics*, N. J., *Prentice Hall*, Inc, 1978；Larbi, W. O., Antwi, A. and Olomolaiye, P., "Compulsory Land Acquisition in Ghana-Policy and Praxis", *Land Use Policy*, Vol. 21, No. 2, 2004, pp. 115 – 127.

③ Holt, Ed. Pisareva, "Martina Expropriation：Who Pull The Strings?" *Slovak Spectator*, 2000.

④ Munch, P., "An Economic Analysis of Eminent Domain", *The Journal of Political Economy*, Vol. 84, No. 3, 1976, pp. 473 – 498；Miceli, T., "Do Governments Provide Efficient Compensation for Takings?" *Illinois Real Estate Letter*, 1993（Winter/Spring）, pp. 8 – 9.

该给予被征用土地者合理的补偿（*Just Compensation*）。[1] Holt 等人认为对于满足征地条件的土地，需要给予被征用者充分的补偿（Adequate Compensation）。[2]

关于征地补偿标准，大部分国外学者都认为应该以市场价格为基准确定征地补偿标准。RDI 的报告建议，征地补偿应该以公平的市场价格为基础，同时确定最低补偿标准。[3] Ed Nosal 在基于私人激励和非社会最优情况的考虑基础上构建了社会最优分配的税收—补偿模型，据此认为在政府征用土地过程中，失地农民应该获得完全体现市场价值的补偿，合理的补偿标准应该以保障失地农民合理利益的成本为依据来确定，或者以安置被征地农民的实际社会成本来确定。[4] Posterman 在研究中国土地征用问题时指出，土地农转非时应该以非农用途的土地市场价值为基准来确定补偿的总量。[5] Fischel 和 Shapiro 认为土地征用的补偿标准应该是农地转用市场价值的一部分。以市场价值作为补偿标准可以提高经济效率，以低于社会成本取得土地会影响土地资源的优化配置。[6] Edens 认为市场机制下较高水平的征地补偿价格有利于实现土地用途由较低层次向较高层次转换，而较低水平的征地补偿价格则有可能造成土地利用的低效率。[7] Ian Ayres 以市场价

---

[1] Raleigh Barlowe, *Land Resource Economics*, Prentice Hall, Inc, 1978；Larbi, W. O., Antwi, A. and Olomolaiye, P., "Compulsory Land Acquisition in Ghana-Policy and Praxis", *Land Use Policy*, Vol. 21, No. 2, 2004, pp. 115 – 127.

[2] Holt. Ed. Pisareva, "Martina Expropriation: Who Pull The Strings?", *Slovak Spectator*, 2000.

[3] RDI（美国农村发展研究所）:《征地制度改革与农民土地权利》，载中国海南改革发展研究院《中国农民权益保护》，中国经济出版社 2004 年版。

[4] Ed Nosal, "The Taking of Land: Market Value Compensation Should be Paid", *Journal of Public Economics*, 2001, pp. 431 – 443.

[5] Posterman:《我国征地制度背景、政策目标及改革原则》，《"中国征地制度改革"国际研讨会简报之四》2004 年 3 月。

[6] Fischel W., Shapiro P., "A Constitutional Choice Model of Compensation for Takings", *International Review of Law and Economics*, No. 9, 1989, pp. 115 – 128.

[7] Edens. D., "Eminent Domain, Equity and the Allocation of Resource", *Land Economics*, Agust, 1970.

值为标准建立了征地补偿模型，认为土地被征用后的补偿虽然是由"他方"（The Other Side）决定的，但是土地转让收益的决定权则掌握在农地所有者自己手中。[1] 还有一部分国外学者认为应该从社会福利实现的角度来考虑征地补偿标准的确定。Giammarino 等发现最优补偿标准依赖于政府最大化社会福利和私人对地产的投资水平。[2] Blume 等人认为土地征用是政府做出的社会福利最大化决策，并在此基础上提出了零补偿的补偿标准[3]。而 Kironde 提出了与 Blume 相反的观点，他认为：政府在土地征用中如果以零补偿或者很低的标准来补偿被征地农民，势必会导致大部分失地农民处于生活贫困的境地和引发大量土地冲突。[4] Miceli 和 Segerson 的研究认为，征地补偿标准应该以社会效率实现程度来确定，即如果政府征用没有达成既定的社会效率时，应该以市场价值作为补偿标准，而如果政府征用达成既定社会效率时，则不需要进行补偿。[5]

3. 征地补偿分配问题

在征地补偿分配的问题上，多数学者主张将土地补偿费中的大部分份额分配给农民。RDI 的报告中针对不同目的的征地分配原则进行了具体建议：对于为了"公共利益"需要进行的征地，在征地补偿费用分配比例的安排上，补偿费用的 5%—25% 分配给被征土地所在集

---

① Ian Ayres, *Optional Law: The Strueture of Legal Entitlement*, University of Chicago Press, Ltd., 2005.

② Giammarino R., Nosal E., "Loggers Versus Campers: Compensation for the Taking of Property Rights", *Journal of Law Economics & Organization*, Vol. 21, No. 1, 2005, pp. 136 – 152.

③ Blume L., D. Shapiro P., "The Taking of Land: When should Compensation be Paid?", *Quarterly Journal of Economics*, No. 99, 1984, pp. 71 – 92.

④ Kironde, L., "Cimments on Management of Peri-urban Land and Land Taxation", *Paper Delivered the World Bank Regional Land Workshop*, Kanpala, 2002.

⑤ Miceli T., Segerson K., "Regulatory Takings: When should Compensation be Paid?", *Journal of Legal Studies*, No. 23, 1994, pp. 749 – 776.

体、75％—95％分配给被征地农户；对于不是出于"公共利益"需要的经营性用地的协商流转，在补偿费用的分配比例安排上，补偿费用的5％分配给国家，5％—25％分配给集体，70％—90％分配给农户。在土地补偿费用的管理和具体方法上，RDI还建议通过契约方式成立中介监督机构，由其负责管理土地补偿费并负责具体执行补偿费用发放。[①] Posterman认为中国在土地征用补偿分配中，补偿款的绝大部分被乡镇政府和村集体拿走了。其中60％—70％的补偿款被乡镇政府拿走，25％—30％由村集体拿走，留给农民的仅剩下非常少的一部分，大约仅剩5％—10％。这样的分配比例令农民非常愤怒，他建议应该将更多的份额留给农民。[②]

综上所述，国外学者对农地制度和农民土地权益展开了积极的研究。由于国外学者对农地制度和农民土地权益保护的研究是建立在土地私有制基础上的，因此国外相关研究主要是从农地非农化方面展开，研究角度主要集中在地权的安全性和土地征用制度两个方面。关于地权的安全性问题，国外学者普遍认为地权的安全性是农民土地权益保护的根源，地权越安全越有利于提高农民对土地投资的积极性和土地利用率。关于土地征收问题，国外学者主要从征地范围限定、征地补偿原则、征地补偿标准、征地补偿分配等方面进行了比较全面和成熟的研究。从研究的关注点来看，国外学者研究的重点主要放在财产权、决策权等具体权益的保护方面，研究角度较为微观和具体。其中关于土地征用制度的研究较为成熟，且形成了比较具体的土地征用市场机制和法律约束机制。但对于农民权益在农地非农化中受损或受保护的原因所进行的制度反思还不够深入，有待从农民土地权益受损

---

① RDI（美国农村发展研究所）：《征地制度改革与农民土地权利》，载中国海南改革发展研究院《中国农民权益保护》，中国经济出版社2004年版。

② Posterman：《我国征地制度背景、政策目标及改革原则——"中国征地制度改革"国际研讨会简报之四》，2004，3。

的制度根源上进行进一步的研究与探索。

第三节　农地制度与农民土地权益
保护问题研究内容

一　研究思路与研究方法

（一）研究思路

按照"发展历史梳理分析—社会发展趋势评估—现时问题分析—根源探索—策略选择"的路径进行研究。1. 对中华人民共和国成立以来农民土地权益发展情况进行梳理，从历史发展和制度变迁的角度进行研究，把握农民土地权益发展的制度背景和历史逻辑。2. 结合新型城镇化发展和土地资源配置变化趋势对农民土地权益进行分析，明确农民土地权益的合理配置。3. 对现时社会背景与制度环境下农民土地权益现状和存在问题进行分析，并从问题表象中挖掘农民土地权益问题在制度和机制层面的根源。4. 在结合当前我国社会发展实际和借鉴国外经验的基础上，从现代产权制度、法律约束机制、多元民主决策机制和土地配置市场化4个维度出发，提出系统的农民土地权益维护制度创新措施。

（二）研究方法

1. 历史考察与理论分析相结合的方法。以制度变迁理论为基础，历史地考察与分析中华人民共和国成立以来农民土地权益的变化，把握农民土地权益的历史发展和制度变迁。

2. 比较分析方法。通过整理国内外相关文献资料，对国内与国外农民土地权益保护的相关制度与措施和国内不同时期、不同土地制度下的农民土地权益进行对比分析。

二 研究对象与内容框架

（一）研究对象与目标

1. 研究对象

以农民权益中最为核心的土地权益为基本研究对象，贯穿考察中华人民共和国成立后不同历史时期的农地制度下农民土地权益受损及保障情况，探索农地制度与农民土地权益之间的逻辑关系。在此基础上，以当前城镇化发展趋势为背景，系统考察不同土地流转方式下农民土地权益的实现与受损情况。最后以我国城镇化发展过程中农民土地权益保护存在的问题为研究对象，针对问题提出农民土地权益保障的具体建议。

2. 研究目标

系统梳理中华人民共和国成立以来农民土地权益发展历史，从制度变迁的角度分析当前城镇化快速发展背景下农民土地权益在现行农地制度下的实现与困境，分析农民土地权益存在的问题，探索农民土地权益保护机制，实现农民土地权益保护的法制化、规范化和实效性，让农民能够在城镇化快速发展中平等地享有城镇化取得的成果。

（二）研究内容框架

本研究总体分为 3 个部分：农民土地权益与农地制度历史研究、城镇化与农民土地权益现状研究、农民土地权益保护制度体系创新。

1. 农民土地权益与家庭联产承包责任制研究

对我国农村土地制度的基础——家庭联产承包责任制的确立与发展情况进行梳理，重点以制度发展和农民土地权益的享有为线索，对1978 年至今的家庭承包经营制、农民自主经营模式的特点及问题进行分析。包括 3 个部分：①家庭联产承包责任制确立与发展；②家庭联产承包责任制时期的土地政策及其调整；③家庭联产承包责任制下农民的自主经营权益。

2. 城镇化与农民土地权益现状研究

对城镇化进程中农村土地资源配置的变化及趋势进行研究，并以此为背景分析农民土地权益在当前农地制度下的现状及存在的问题。包括 3 个部分：①城镇化进程中农村土地资源配置的变化趋势与农地制度调整（分析农村土地资源的多样化开发、变化趋势与农地制度调整）；②农民土地权益结构及其现状分析（对当前土地制度下农民的经营权、承包权、集体土地权益分配、权益补偿等问题进行剖析）；③农民土地权益受损的理性反思（从土地产权制度、土地资源配置方式、征用补偿制度缺陷、土地权益博弈等方面探讨农民土地权益受损的深层根源）。

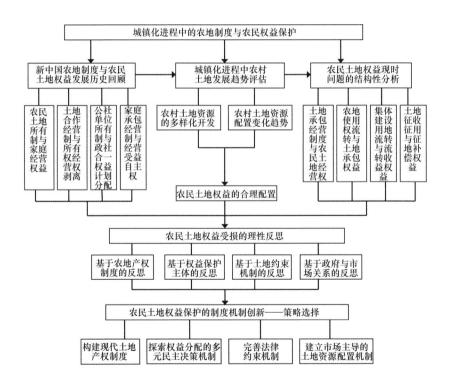

图 1-1　研究内容框架

3. 农民土地权益保护的制度体系创新

结合当前土地制度下农民权益受损的根源和城镇化快速发展趋势的要求，进行农民土地权益保护的制度体系创新研究。包括 4 个部分：①构建城乡融合的现代土地产权制度（从土地确权、同地同权的角度进行研究，理顺土地使用的制度基础）；②土地资源的准市场配置替代政府垄断（探讨政府宏观指导下以市场作为土地资源的主要配置手段）；③建立健全征地与补偿的法律约束机制（从征地范围、征地程序、征地补偿等方面健全法律规定与具体实施措施）；④探索土地流转与增值权益分配的民主协调机制（探讨农民能够作为协商主体主动参与的民主协调机制）。

（三）重难点与创新点

1. 重难点：本著研究的重点是农村土地资源配置在城镇化快速发展过程中的变化与趋势分析和农民土地权益现存问题；研究的难点是以现代产权制度为基础的农民土地权益保护的多维度制度机制的建立。

2. 创新点：在研究视角上，本著力图紧扣中国城镇化的社会经济背景和视角，逐层分析农地制度的变革及其对农民权益的影响。城镇化并不是一般性的场景，而是农地制度与农民土地权益变化的背后逻辑和深层力量，正是城镇化的加速发展引起了农地资源的多样化开发和农地资源配置的变化，最终引发农民土地权益的震荡。反过来，农民土地权益的有效保障也成为中国城镇化的合法性基础，并规范着中国本土新型城镇化的发展方向和未来轨迹。如，中国城镇化向市场主导型资源配置机制转变，确立基于产业结构提升和产业自主创新的内生性发展模式，通过收入分配改革注入农村居民消费内驱力，建立均衡型城镇化发展格局等。这种基于内在逻辑的研究视角，既有利于透视农地制度及农民权益变化的背后基础，也有利于规范城镇化的均衡健康发展。

在理论运用上，本著引入了现代农地产权理论，以阐释中国农地制度和农民土地权益问题。农民土地权益的实现基础在于农地产权，农地产权是解释农民土地权益合法性的依据，也是农地制度改革的核心内容。农地产权理论（包括农地产权制度变迁理论、农地产权权能理论、农地产权结合与分离理论、农地产权商品化与农地产权配置市场化理论）为农地制度和农民土地权益的研究提供了开阔的视野和有益的理论指引。

在研究内容上，试图面对问题的症结，提出自己的见解。如：针对农村集体土地所有权主体"虚化"这一农地产权制度的重大缺陷而提出：重构具有市场主体资格和民事主体资格的农村集体经济组织载体，实现农村集体经济组织的"实体化"方案；针对提高农地市场价值和农民土地权益分配比例的实质正义思路的可行性局限而提出：由农民及其组织参与的土地权益分配的多元民主决策机制的程序正义路径，这些新尝试在一定程度上深化了既有的研究。

第二章 农地制度与农民土地权益分析的相关理论

本著研究的对象是农地制度与农民土地权益，其中农民土地权益是本著关注的一个焦点问题。农民土地权益是由农地制度直接决定的，本著实际上是联系农地制度来探讨农民土地权益。为了系统研究这些问题，本章对相关基本概念进行了阐述说明，在此基础上，进一步介绍了研究城镇化进程中的农地制度与农民土地权益保护这个主题所使用的理论，即：城镇化理论与现代农地产权理论。

第一节 城镇化理论

一 城镇化内涵及其构成

城镇化是从英文 Urbanization 翻译而来的，国际上对 Urbanization 一词通常翻译为"城市化"，我国理论界在对城市发展问题进行研究时也更倾向于将 Urbanization 翻译为"城市化"。但在进行农村发展问题研究时，从研究的实际对象和我国农村社会发展趋势出发，对农村问题进行研究的学者们更加倾向于使用"城镇化"概念。由于本著主要针对农村土地制度和农民土地权益保护问题展开研究，因此在研究表述中将采用"城镇化"概念。

城镇化是本文研究的背景，城镇化概念也是本文在研究中首先需要解释清楚的概念。关于城镇化，学术界并没有给出统一的概念。学者们从不同学科和不同视角出发，对城镇化进行了不同的理解和定义。总结国内外学者对城镇化概念或内涵的解读，一般认为城镇化是由人口城镇化和土地城镇化构成。

所谓人口城镇化，是将人作为城镇化发展的出发点和归宿点，以人的全面发展为导向，实现农村人口向城镇的转移居住与就业，实现"农村转移人口在就业机会、工资收入、社会保障、教育培训、政治参与等方面享有与城镇居民同等的制度安排，并通过有效的沟通交流机制的构建，消解对农业转移人口的歧视和排斥现象，促进农业转移人口在生活方式、价值观念、法律权利意识等方面融入城镇社会"。①人口城镇化的这一概念包含了 4 个层次的内容：1. 城镇人口数量与比例不断提高；2. 农业人口向城镇转移将促进产业结构发生转变，农业剩余生产力将逐渐转向第二、第三产业发展；3. 农业转移人口将逐渐公平享有城镇社会资源并得到制度保障，居民总体生活水平提高；4. 农村转移人口在现代社会价值观念、法制观念及权利意识等方面的个体素质全面提升，在融入城镇社会的同时也将现代城市文明传播渗透到农村社会。

我国人口城镇化的实现形式主要有 3 种。1. 农村人口通过升学、就业、经商等途径留在城镇定居生活，脱离农村户籍，获得城镇户籍，从生产方式与生活方式上实现从农村模式向城市模式的完全转化。如农村户籍的大学生入学后将户口转为城镇户口，毕业后留在城镇工作生活；农村居民到城镇经商或从事较高收入的职业，在城镇购房定居后将户籍从农村迁入城镇。2. 农村人口在一年中的大部分时间都在城镇工作和生活，但并未完全脱离农村的生产方式和生活方式，在户籍上依然是农村户籍。如目前我国众多的农村进城务工人员，他们一年中的绝大部分时间都在城镇进行工作和生活，没有在城镇购房定居，没有城镇户籍，不能稳定地在城镇生活，往往通过在城镇工作

---

① 毛哲山：《"人的城镇化"理论的建构与创新研究》，《河南师范大学学报》（哲学社会科学版）2016 年第 1 期。

积蓄一定的收入之后，或是在年龄与身体情况不能适应城镇的工作需要之后，再返回农村，重新将务农作为主业进行生产和生活。3. 农村人口的居住地点在城镇扩张过程中被纳入城镇的一部分，或者直接变成小城镇。这种由城镇建设规划实施实现的农村变城镇的做法，也是实现农村人口城镇化的主要形式之一。

所谓土地城镇化，是指某一区域的土地条件由农村形态向城市形态转化的过程，是城镇化在空间上的表征，转化区域的土地面积占区域土地总面积的比重是衡量这一区域城镇化水平高低的重要指标。①由于我国实行的是城乡二元土地制度，农村土地归农村集体所有，城市土地归国家所有，因此，我国土地城镇化主要表现在农村集体所有的土地（包括农业用地和农村建设用地）转变为国家所有的城市建设用地。在我国现行土地制度下，我国土地城镇化呈现出以下 3 个特点：1. 土地产权发生转变，即农村土地的城镇化过程伴随着农村土地产权由农村集体所有转变为国家所有；2. 土地城镇化实现方式单一，只能通过土地征收这一种方式才能合法实现农村土地转变为城市建设用地；3. 政府通过土地城镇化过程获取"土地财政"，为城市提供发展资金，推动城镇化发展水平与速度。

我国土地城镇化不仅表现在城镇用地面积的增加，更主要的是表现在土地功能与效率的变化上：1. 土地使用功能的转变。原来进行农作物耕种的农业用地通过履行一定的行政手续转变为农村集体建用地，再通过征地途径转变为城镇建设用地。在这一过程中，土地的使用功能发生了根本变化；2. 土地利用效率的转变。土地城镇化的相关研究中一般以土地承载的 GDP 为标准来衡量用地效率，同一区域的同一块土地在从农用地或农村集体建设用地转变为城镇建设用地的情况下，从我国目前绝大多数地区的土地利用情况来看，其用地效率明

---

① 吕萍：《周滔土地城镇化与价格机制研究》，中国人民大学出版社 2008 年版，第 32—33 页。

显提高了。

二　城镇化的演进过程

Northam 认为城镇化演进过程呈现出"S"形曲线发展趋势，与"S"形曲线相对应，他将城镇化演进过程划分为 3 个阶段①。

第一阶段：城镇化发展的初始阶段（initial stage）。城镇化发展水平相对较低、发展速度较为缓慢的阶段，城镇化率一般在 10%—30%。这一阶段城镇化发展一般呈现如下特征：城镇开始兴起，人口向城镇流动速度加快，城乡发展差距日益加大，城镇发展速度明显比农村发展更快。

第二阶段：城镇化发展的加速阶段（acceleration stage）。工业化快速发展推动城镇化发展水平急剧上升，城镇化发展速度较快的阶段，城镇化率将从 30% 左右逐渐发展到 60% 左右。这一阶段城镇化发展一般呈现如下特征：工业化发展对城镇化发展的推动作用较为明显，工业化程度的提高加速了城镇化的发展速度，城镇规模迅速扩张，农村人口大规模流向城镇，城镇人口比重增速较快。

第三阶段：城镇化发展的最终阶段（terminal stage）。城镇化发展水平较高、发展速度放缓的阶段，城镇化率一般会达到 70% 左右。这一阶段城镇化发展呈现出如下特征：工业化发展到较高水平，工业在产业结构中所占的比重下降，城镇化发展水平达到较高水平，城乡之间基本实现均衡发展，城镇化发展速度放缓，新的城镇或城市形态开始出现。

根据国家统计局统计的数据，2016 年我国城镇常住人口已经达到 79298 万人，比 2015 年增加 2128 万人，乡村常住人口 58793 万人，比 2015 年减少 1373 万人，城镇人口所占比重（城镇化率）已经达到

---

① Northam, R. M., *Urban Geography*, 2nd, New York：John Wiley & Sons, 1979, pp. 65 – 67.

57.35%。从我国城镇化率来看，我国目前处于城镇化发展的第二阶段——加速发展阶段。根据城镇化在加速发展阶段的特征，我国将面临工业化发展速度与发展程度提高、大量农村人口向城镇转移就业与居住、城镇发展规模快速扩张等工业化推动下的人口城镇化和土地城镇化加速发展问题，以及由这些问题引发的农村土地流转、土地征收过程中农民土地权益保护问题。正如邓小平同志对城镇化的描述：城镇化是"农业和工业、农村和城市，就是这样相互影响、相互促进，这是一个非常生动、非常有说服力的发展过程"①。

三　当代中国城镇化发展的本土规律

"积极稳妥地推进城镇化是人地关系协调发展的重要体现，可上升到国家发展战略高度，有利于社会经济持续增长、产业结构优化升级及人民安居乐业。"② 我国在经济社会持续发展的过程中，越来越重视城镇化发展，并将加速城镇化作为推进我国经济和社会结构调整的重要抓手。

中国城镇化发展的本土规律的形成是在传统城镇化的基础上结合中国经济社会发展需要提出来的，即：在科学发展观的指导下，遵循城镇化的基本规律，以全面提升城镇化质量与城镇化水平为目标，以人的全面发展为本，逐步实现城乡统筹、实现集约发展与规模效益的城镇化发展模式③。与传统城镇化相比，中国城镇化发展的本土规律表现出极大不同，主要体现在城镇化的发展机制、发展阶段、发展模式、发展动力、发展格局、发展目标这6个方面。

（一）以市场为主导的城镇化发展机制

传统城镇化是建立在政府发挥主导作用的基础上的，通过政府行

---

① 《邓小平文选》第3卷，人民出版社1993年版，第237页。
② 范树平、刘友兆、程从坤、严静、吕军：《从"三农"问题探析我国农村土地制度改革——基于新型城镇化视域》，《农业科学研究》2016年第3期。
③ 盛广耀：《新型城镇化理论初探》，《学习与实践》2013年第2期。

政干预压低资源要素的价格，实现要素价格竞争优势，获取城镇化发展资金。尤其是在土地资源的配置与价格干预方面，政府发挥了绝对性的主导作用。虽然为城镇化发展提供了资金保证，但却存在城镇化效率低和土地浪费严重的情况。中国本土城镇化则将改变以政治权力作为支配资源要素的主要决定力量的传统资源配置机制，向发挥市场决定作用的市场主导型资源配置机制转变，以应对中国城镇化出现的低效率问题，尤其是土地资源利用低效浪费问题。

（二）以人为本的城镇化发展阶段

传统城镇化主要是以土地城镇化为主的城镇化，中国城镇化发展的过程中，土地城镇化速度明显超前于人口城镇化的速度。土地城镇化为我国城镇发展和城镇基础设施建设提供了发展空间和资金支持，但人口城镇化速度缓慢却造成我国城镇化后续发展动力不足的问题。因此，中国本土城镇化发展应该以满足人的物质需求与精神需求作为优先考虑的问题，促进消费水平的提升，并以此为基础促进产业结构的优化提升。

（三）内生性创新发展的城镇化发展模式

美国著名的城市规划理论家约翰·弗利德曼将城市发展分为"城市营销"和"准城市国家"两种模式。[1] 第一种模式"城市营销"是一种依靠外生动力发展的模式，即主要依靠土地、劳动力等生产要素资源的扭曲低价获取竞争优势，以此吸引外资投入作为推动经济发展的主要动力。第二种模式"准城市国家"是一种"基于内生的综合资源和创新的环境"[2] 的发展模式，即主要依靠国内产业结构的提升发展和产业自主创新能力的提高作为推动城市经济发展的主要动力。我国城镇化发展模式长期以来一直是以第一种模式为主，但目前国内

---

[1] 约翰·弗里德曼、李路珂：《城市营销与"准城市国家"：城市发展的两种模式》，《国外城市规划》2005年第5期。

[2] 段进军、殷悦：《多维视角下的新型城镇化内涵解读》，《苏州大学学报》（哲学社会科学版）2014年第5期。

面临的"民工荒"和土地资源紧缺等问题以及国际经济环境的变化使我国依靠低成本竞争的外生发展优势逐渐萎缩。因此，中国本土城镇化发展应该重视城镇化的内生创新动力，优化国内产业结构与创新环境，提高创新能力，维持城镇化的持续发展动力。

（四）以消费内驱力作为城镇化发展动力

中国城镇化的发展长期以来一直是依靠投资、出口等外需驱动力来作为发展动力的。虽然国家一直提出要将拉动内需作为国家经济发展和城镇化发展的一种战略选择，但由于外需市场对国内经济的支撑作用和居民收入水平的影响，致使我国内需市场一直没能启动。2008年全球金融危机之后，国际经济环境的变化使海外投资、出口等外需市场驱动力对中国经济发展和城镇化发展的作用减弱，国内以基础设施建设和房地产开发拉动的内需力也不能解决中国经济结构合理转型的问题。因此，中国本土城镇化的发展需要在进行收入分配改革、提高城市和农村居民收入水平的基础上，提高居民消费水平，提高消费率，建设消费社会，启动内需市场，以拉动国内消费作为内驱力，形成消费驱动。

（五）均衡型城镇化发展格局

中国传统城镇化发展是一种非均衡发展格局，在城镇化的等级体系和规模结构方面存在严重失衡的问题，重视大城市发展，但忽略了中小城市，尤其是农村的发展。一方面是特大城市和大城市数量以及城市人口的快速增加。如2000年到2009年，我国特大城市数量由40个增加到54个，城市人口比例由38.1%增加到47.7%；一方面是中小城市数量增加缓慢，城市人口数量不增反降。如2000年到2009年，中等城市数量仅由217个增加为238个，城市人口比例从28.4%降为22.8%；一方面则是农村"空心村"等现象和问题出现。中国本土城镇化把农村、农民、农业、农民工和城中村问题作为城镇化的重要内容，形成城乡一体化发展体制，让农民与城市居民平等地分享城镇化红利，让城市文明辐射到农村，实现城乡均衡性发展。在此基

础上，加快中小城市和小城镇的基础设施建设，构建均衡型的城镇等
级体系与规模结构。

（六）多维度城镇化发展目标

城镇化发展是我国一项重要的发展战略，并不仅仅是实现经济增
长的工具。然而在我国城镇化发展的过程中，许多地方政府实际上是
把城镇化，尤其是土地城镇化作为促进地方 GDP 增长和地方政府政
绩成就取得的工具，只关注经济目标的实现，对社会治理、生态环
境、人文精神等方面的发展缺少应有的重视。中国本土城镇化与传统
城镇化相比，在城镇化发展目标上，将从重点关注经济发展目标向同
时关注经济发展、社会治理、生态环境、人文精神等多维度发展目标
转变，形成经济结构、社会结构、生态结构和人文环境的协调发展。

四 城镇化发展与农地制度和农民土地权益保护的内在关联

中国城镇化与农地制度的发展是相互作用相互影响的。但从中华
人民共和国成立以来中国城镇化的演进过程来看，城镇化发展需要通
过获取大量农业剩余来支持工业发展，大量剩余劳动力和剩余农产品
的实现是以农地制度为基础的，城镇化发展需要农地制度的变迁为其
提供制度动力和物质基础。因此，城镇化进程对农村土地制度的影响
与推动作用更为明显。农民土地权益的实现则取决于农地制度，农地
制度是农民土地权益实现的合法基础。因此，城镇化对农民土地权益
保护的影响实际上还是通过对农地制度的影响间接实现的。

（一）城镇化对农地制度本身的影响和要求

城镇化对农地制度本身的影响和要求体现在对农村土地非农化转
用上。城镇化发展所需的大量用地大多是通过农地转用为非农建设用
地而来的。在现有耕地资源紧张而城市建设用地需求大量增加的情况
下，城镇化发展就要求农村土地通过实现有效整理和集约利用，来为
城镇化发展提供大量可利用的土地面积。因此，现阶段中国城镇化快
速发展对农地制度提出了新的调整要求，即：对农地制度进行调整，

适应城镇化发展对农地非农化转用的要求，满足城市建设用地需求的增加。

（二）城镇化对农地制度的外在表现——农业生产发展的影响和要求

城镇化对农地制度的影响不仅在于对农地制度本身的影响，对农地制度的外在表现——农业生产的发展也产生了深刻影响。[①] 农业生产效率是衡量农业生产发展的一个关键指标，农业生产效率的增长与农业投入和农业技术进步息息相关。因此，城镇化对农业生产发展的影响主要表现在对农业投入和农业技术进步方面。由于城市工业部门的劳动边际收益大于农村的农业劳动边际收益，因而在城镇化加快发展的过程中，大量农村劳动力，尤其是青壮年劳动力不断从农村流向城市。农村青壮年劳动力不足，土地抛荒严重，一些农村甚至出现"空心村"现象，这种情况势必导致对农业投入的不足。现行农地制度下农村土地碎片化的经营现状则会使先进农业技术的采用成本增加，但获得的利润却相当有限，并不利于先进农业技术的应用和推广。因此，城镇化发展要求改革现行农地制度来改变农村土地经营模式，通过实现对农村土地的规模经营来适应城镇化对农业发展提出的增加农业投入和进行技术革新与应用的要求。

第二节　现代农地产权理论

城镇化发展推动的农村人口城镇化与土地城镇化引发了农村社会土地制度的新一轮变迁。在此过程中，相比于因国家经济政策而导致的农民土地权益实现受限问题，农地产权问题引发的农民土地权益受损与权益实现受限问题越来越受到人们的关注，成为影响农村社会经

---

① 郝寿义、王家庭、张换兆：《工业化、城市化与农村土地制度演进的国际考察——以日本为例》，《上海经济研究》2007 年第 1 期。

济发展的主要因素之一。因此，研究农村土地制度与农民土地权益保护问题势必要研究农地产权这一核心问题。城镇化发展过程中，农民土地权益主体的多元化与农村土地权利的分散化趋势，使人们不能单纯将视角局限于农村土地所有权，而应该从包括农村土地所有权在内的土地占有、土地利用等方面来对农地产权关系和农地产权制度进行研究，即现代农地产权理论。

一　农地及其特征

（一）农地的概念

土地是农民最基本的生产生活资料，也是农村经济社会发展的物质基础。研究土地问题，应该首先对土地的概念有一个清楚的认识。学术研究中对土地概念的定义较多，如美国土地经济学家伊利从经济学角度将土地定义为"自然地各种力量，或各种资源……侧重于大自然所赋予的东西"①，英国经济学家马歇尔将土地定义为"大自然为了帮助人类，在陆地、海上、空气、光和热各方面所赠予的物质和能量"②，这些都是从土地作为自然资源方面来定义土地概念的。然而土地对于人类社会经济生活来说，不仅仅是一种自然资源，而是作为人类生产生活的基本资料存在的，是与人类的劳动相结合的，应该结合人们利用土地的过程以及土地在经济社会生活中的不同用途对土地进行定义。

本著研究的是农村土地制度与农民土地权益问题，结合我国农村土地的不同用途与土地利用情况，理解与界定农地概念是非常必要的。目前相关研究中对农地概念的定义较少，其中刘永湘在其博士学位论文中从土地空间和土地要素的角度将农村土地定义为"包括农村

---

① ［美］理查德·伊利、爱德华·莫尔豪斯：《土地经济学原理》，腾维藻译，商务印书馆 1982 年版，第 19 页。

② ［英］阿弗里德·马歇尔：《经济学原理》（上卷），朱志泰译，商务印书馆 1964 年版（中文版），第 157 页。

土地范围的地上空间和地下空间的地表或地皮，它侧重强调于农村土地本身的资源性质或生产要素的属性"[1]；我国《农村土地承包法》中从土地所有权归属和使用用途的角度将我国农地概念界定为"农民集体所有和国家所有，依法由农民集体使用的耕地、林地、草地，以及其他依法用于农业的土地"。本著对农村土地制度和农民土地权益的研究是建立在我国二元社会结构和经济体制的基础上的，因此，本著主要侧重于从农村土地的所有权归属和土地使用用途方面对农地概念进行理解，研究的对象也限于农民集体所有的农村土地，包括已经开发利用的农业用地、建设用地和一部分未开发利用的荒地等。其中农业用地是指直接用于农业生产的土地，建设用地是指用于农村建设住宅的宅基地和农村公共设施建设用地等。

（二）农地的特性

农地是一种特殊归属和用途的土地，除具有土地所具有的自然属性之外，还具有特定经济社会结构下的经济特性，受一定经济社会结构下的生产力与生产关系发展情况影响。这里重点介绍农地的经济特性。

1. 农地资源的稀缺性。随着我国经济社会发展速度的加快，城镇化发展规模也在不断扩大，城镇发展对土地需求也逐渐增多，在土地面积有限的情况下，城镇用地面积的扩张势必要从农村获取城镇化建设所需的土地，而农村土地除了要保证国家粮食安全所需的土地之外，还要保证农村社会经济社会发展所需的土地。因此，农地供给与农地需求之间供不应求的矛盾必然会导致农地资源的稀缺性。

2. 农地用途的多样性。农地承载着农村社会的各种活动，是农村社会存在与经济发展的基础条件。农地并不仅仅用于农业耕种，其用途具有多样性，既可以用于农业耕种，也可以用于农民居住，还可以作为农村公共设施建设和农村商业、企业用地。

3. 农地用途变更的困难性。农村土地虽然可以用于多种用途，但

---

① 刘永湘：《中国农村土地产权制度创新论》，博士学位论文，四川大学，2003 年。

在我国目前的土地所有制下，农地用途的变更存在两方面的困难：一方面是受到土地在空间位置上的固定性的限制和土地上面附着物的限制，改变农地的用途将会是一个比较困难的过程；另一方面是受到目前我国土地政策的限制，农业用地转为农村建设用地或者农村建设用地转为城镇建设用地，都必须经过严格的审批程序，尤其是从农村建设用地转为城镇建设用地，还涉及土地所有权关系的转变，因此也是一个困难的过程。

4. 农地价值的双向性。一方面是由于农地资源的稀缺性随着人口增加与经济社会发展对土地需求的增加日益凸显。在市场经济条件下，农地资源的稀缺性必然会使农地具有较大的增值空间，尤其是在农业用地或者农村建设用地转为国有建设用地的过程中，农地增值幅度比较大；另一方面是农业用地的投入与报酬并不完全成正比，对农地追加投入所带来的报酬存在边际效应，即在技术条件和其他要素不变的情况下，对单位面积的土地追加投入所带来的报酬达到一定的数量后，报酬增量不仅不会持续增加，而且还可能会出现增量递减的情况。

二 农地产权及其功能分析

（一）农地产权的定义

产权（Property Rights）是土地制度研究中极为重要的一个概念，经济学界对产权定义的研究最多，但到目前为止，并没有形成一个权威、普遍的产权概念。德姆赛茨从财产与人之间的利益关系角度对产权的定义在西方经济学界被广泛接受和引用，他在《关于产权的理论》中将产权定义为："所谓产权，是指使自己或他人受损和收益的权利，是界定人们如何收益及为何收益，因而谁必须向谁提供补偿以使他修正人们所采取的行动。"[①] 德姆赛茨对产权的定义强调了产权具

---

① ［美］R. 科斯、A. 阿尔钦、D. 诺斯等著：《财产权利与制度变迁——产权学派与新制度经济学派译文集》，刘守英等译，上海三联书店1991年版，第97页。

有财产权属性，他认为对产权的财产权权能的界定能够帮助人们清晰界定交易的合理性以及对交易形成合理的预期，并围绕交易客体（产权）形成交易主体之间的经济利益关系。《牛津法律大辞典》则从产权包含内容的角度将产权定义为"一种权利束，包括占有权、使用权、出借权、转让权、用尽权、消费权和其他与财产有关的权利"。

农地产权则是依托农村土地形成的产权关系，是与农村土地耦合的所有权、使用权、收益权、处分权等各种权利的权利束。基于德姆赛茨上述对产权的定义，可以将农地产权定义为：农地产权是依托农村土地形成的经济关系和财产关系，包括农村土地所有权、使用权、收益权、处分权等各种权利的权利束，是界定社会经济生活中农村土地交易主体之间基于农村土地权利的排他性归属关系而形成的经济利益关系。其中组成农地产权权利束的各项权利以不同的方式进行组合，就会形成不同的利益主体结构，进而会由不同的权利组合结构和利益主体结构产生不同的产权效率。①

根据上述分析，可以对农地产权的内容做如下理解。

1. 农地产权是由不同内容的权利构成的权利束，其内涵会随着社会经济发展的变化与需求而不断地被挖掘与丰富；

2. 构成农地产权的权利束可以分解，农地的各项权利可以由不同的权利主体享有与利用，并以此形成不同主体之间的经济利益关系；

3. 农地产权是权利所有人获取利益、维护权益的基本依据。

（二）农地产权的功能

农地产权主要具有以下基本功能。

1. 激励功能。农地产权会对农地经营者的经营行为产生激励，这是农地产权的基本功能。在农地经营活动中，明确的农地产权关系会使农地产权所有人和其他当事人的利益得到肯定，进而使农地经营主

---

　　① 杨继瑞：《我国农村土地资源配置市场化问题探讨》，载南京地政研究所编《中国土地问题研究》，中国科学技术大学出版社 1998 年版，第 197—226 页。

体形成内在的动力激励，激发农地经营主体的积极性，从而使农地经营效率提高。相反，如果农地产权不明确，产权所有人和相关当事人的利益关系模糊，则会导致农地经营主体的内在动力激励不足，农地经营主体的积极性得不到激发，从而使农地经营效率低下。

2. 约束功能。农地产权不仅是对相关当事人利益关系的确定，也是对责任关系的确定。农地产权对其当事人的责任确定即是对农地产权当事人的责任约束，即在明确界定农地产权当事人所享有的权利后，也要对当事人明确其相应的责任，包括侵权或越权的责任认定与承担。在明确责任的基础上，农地产权相关当事人会在农地产权的责任范围内对其行为进行自我约束。

3. 资源配置功能。农地产权在不同产权主体之间的交易，所带来的不仅是农地产权所属关系的变化，更是农地资源使用用途与利用效率的改变。农地产权的变化必然会改变农地资源的利用格局。因此，明确的农地产权，是减少农地交易成本，提高农地资源利用与配置效率的重要前提。这一点在我国农村土地制度改革的实践中已经得到证明。

三 现代农地产权理论的基本观念

农地产权制度是农民土地权益的合法性基础，农地制度的根本问题是产权问题，农地产权的确定是农地制度与政策的核心内容。研究现代农村土地制度及农民土地权益问题，关键在于理解农地产权及其理论的基本观念。

（一）农地产权的一般特性

农地产权是有关农村土地财产的一切权利的总和。它具有土地产权的一般特性。

1. 土地产权的普遍性。要使产权有效发挥作用，必须使资产普遍有其所有者，否则哪一领域有限资源缺少所有者，哪一领域就必然无序且无效；

2. 土地产权的独占性。在大多数情况下，产权越是独占和完整，资源配置就越有效，只有当交易费用极高，使得独占性排斥了产权的转移时，产权的独占性才会降低资源配置的效率；

3. 土地产权可转移性。即产权必须可以自由地交易，否则资源配置难以奏效。由此可见，产权是一种排他性的权利，而且这种权利必须是平等交易的法权，而非特权。它是规定人们行为关系的一种游戏规则，是社会经济有效运行的基础。因此，在交易费用不为零的世界里，产权明晰有利于交易费用的节约，以及给交易双方一种收益的预期，提高资源配置的效率。

（二）现代农地产权权能结构及其可分离性

现代农地产权是现代社会生产关系的一种表现，它是与现代社会的生产方式相适应的，在经济社会发展的不同时期和不同阶段，表现出不同的形式。现代农地产权是一束基于农地所有权衍生出来的权利束，包括占有权、使用权、经营权、收益权、转让权等权能。在当前经济社会发展到现代化、城镇化的时期，现代农地产权主要表现为农地的所有、占有和利用。其中，农地的所有、占有和利用是可以分离的，土地的所有者不一定占有土地，也不一定对土地进行利用。同样，土地的占有者和利用者也未必是土地的所有者，这三者是可以分离的。但其分离并不是任意分离，而是建立在经济实现与新的经济关系形成的基础上的。如中国农村土地制度"三权分置"的产权改革措施，就是建立在土地的所有者、占有者和利用者相分离的基础上的。农村集体拥有农村集体土地的所有权，是农地的所有者；农村集体组织内的农户拥有农地的承包权，是农地的占有者；农地的经营权分离出来，可以由农地承包户自己经营利用，也可以由农地承包户交由他人经营利用。由此，形成了中国农村社会新的农业经济关系，农民在土地经营权放活流转中实现其经济收益。

（三）现代农地产权的市场化配置及其重组路径

土地在空间位置上的固定性限制并决定了农地的市场配置实质上

是农地产权的市场配置。"借助于商品的各小部分的所有权证书,商品能够一部分一部分地投入流通"①,农地产权借助于商品流通的这一特性,可以通过市场对其各项产权权能进行优化重组。农地产权通过市场化配置进行重组的途径有两种:一种是对农地产权的出租或转租,即农地所有者和农地使用者将农地产权作为一种交易商品通过市场规则进行交易。农地所有者通过租赁的方式将在一定时期内的农地占有权、使用权等权能流转给土地使用者,从中获取地租收益;另一种是对农地产权的买卖,即农地所有者放弃对农地的产权,通过市场交易获取资本收益,实现产权让渡。在农地产权进行市场化配置的过程中,农地产权的价格是农地产权市场化配置的核心问题,主要受市场供求关系的影响,由农地产权交易时农地产权的市场供需来决定。从中国当前城镇化发展的趋势来看,对农地非农转用的需求将不断增加,对农地产权的需求也会越来越大,因此,农地产权的市场价格也会逐渐上涨。

本章小结

　　研究城镇化进程中的农地制度与农民土地权益保护问题,涉及两方面的内容,一方面是城镇化发展问题,另一方面是与农地制度与农民土地权益息息相关的农地产权问题。因此,本章系统阐释了城镇化理论与农地产权理论,为后文剖析中国城镇化发展过程中农地制度与农民土地权益问题做好坚实的理论铺垫,通过结合具体实践,运用上述理论对农村土地问题与农民土地权益问题展开研究与分析。

---

① 《马克思恩格斯全集》(第46卷),人民出版社1980年版。

第三章　城镇化进程中的农村土地资源开发配置与农地制度调整

　　土地资源是农民最重要的生存资源和财产资源，也是农民其他权利的基础。城镇化进程的加快，对农村土地资源的开发利用提出了新的要求，也需要农地制度做出相应的调整，以适应城镇化发展过程中农村土地资源的合理开发与配置，为农民提供土地权益得以合法实现的制度保障。本章将从城镇化带来的农村土地资源开发的变化着手，分析城镇化进程中农村土地资源开发的多样化模式以及土地资源配置趋势，并与之相结合，分析农村土地制度的变化及调整。

第一节　城镇化进程中的农地制度基础：家庭联产承包责任制

　　国家城镇化进程与农村土地制度发展之间既相互促进，也相互影响。中华人民共和国成立以来，随着国家城镇化进程的逐渐推进，我国农村土地制度也不断进行着改革和调整。土地制度的每一次改革与调整，都伴随着农民土地权益的变化和调整。伴随着城镇化进程步伐，农村土地制度历经几次大的调整与改革，最终形成了我国农村土地制度的基础——家庭联产承包责任制。

一　家庭联产承包责任制确立与发展

1978 年底，党的第十一届三中全会召开前夕，安徽凤阳小岗村 18 户农民私下签订了中国第一份"包干到户"合同书，成为中国农村改革的起点。1978 年 12 月，中央召开第十一届三中全会，提出了"以粮为纲、全面发展、因地制宜、适当集中"的农业发展方针和迅速恢复与发展农业生产，调动农民生产积极性的农业政策。

1980 年 5 月 31 日，邓小平在讲话中从生产力对生产关系作用的角度对安徽凤阳"包干到户"的做法给予了肯定，他说："'凤阳花鼓'中唱的那个凤阳县，绝大多数生产队搞了大包干，也是一年翻身，改变面貌。有的同志担心，这样搞会不会影响集体经济。我看这种担心是不必要的。……这些地方将来会怎么样呢？可以肯定，只要生产发展了，农村的社会分工和商品经济发展了，低水平的集体化就会发展到高水平的集体化，集体经济不巩固的也会巩固起来。"①1980 年 9 月，各省、市、自治区党委第一书记座谈会《关于进一步加强和完善农业生产责任制的几个问题》的会议纪要指出"生产关系必须适应不同地区的生产力水平，要求农业生产的管理有更大的适应性和更多的灵活性。……允许多种经营形式、多种劳动组织、多种计酬办法同时存在。……凡有利于鼓励生产者最大限度地关心集体生产，有利于增加生产，增加收入，增加商品的责任制形式，都是好的和可行的，都应当支持，而不可拘泥于一种模式，搞一刀切"。1982 年 1 月 1 日《全国农村工作会议纪要》中肯定了农业生产责任制在克服集体经济弊病中的作用，并提出"目前实行的各种责任制，包括小段包工定额计酬，专业承包联产计酬，联产到劳，包产到户、到组，包干到户、到组，等等，都是社会主义集体经济的生产责任制"。1983 年 1 月 2 日，《当前农村经济政策的若干问题》试行草案肯定了

---

① 《邓小平文选》（第 2 卷），人民出版社 1993 年版。

联产承包制是"在党的领导下我国农民的伟大创造",对联产承包制中"分户承包的家庭经营……应当积极支持",并提出了要实行"政社分设"。1983 年 10 月,中央发出《关于实行政社分开　建立乡政府的通知》,重建基层政权与村民委员会群众性自治组织。1985 年 1 月,国务院发出《关于进一步活跃农村经济的十项政策》,取消实行了 30 多年的农副产品统购派购制度。1985 年 6 月,政社分开及基层政权组织重新建立的工作基本完成,人民公社体制至此结束。家庭联产承包为主的责任制作为我国农村新的基本经济制度被确定下来并在全国范围内推行。

二　家庭联产承包责任制时期的土地政策及其调整

自 1978 年党的十一届三中全会召开以来,家庭联产承包责任制成为我国农村改革开放至今的基本土地制度。这一时期的土地政策,随着家庭联产承包责任制的确立、发展与改革,也进行了相应的调整。

（一）家庭联产承包责任制确立阶段

从 1978 年底安徽凤阳 18 户农民签订了"包干到户"的合同书开始,家庭联产承包责任制就逐渐在我国农村发展起来,"三级所有、队为基础"的土地所有制全面解体,以"包产到户、包干到户"为主要特征的家庭联产承包责任制逐渐成为我国农村的基本经济制度。

1979 年 9 月,中央对包产到户的做法进行了肯定,推动"包产到户、包干到户"等生产责任制形式在全国的推广扩大。1982 年中央一号文件《全国农村工作会议纪要》明确了"我国农村必须坚持社会主义集体化的道路,土地等基本生产资料公有制是长期不变的,集体经济要建立生产责任制也是长期不变的",肯定了"包产到户、到组"等家庭联产承包形式的公有制性质,承认其"是社会主义农业经济的组成部分",中央文件关于包产到户等家庭联产承包形式的肯定态度促进了家庭联产承包责任制的发展。1982 年底,全国农村实行家庭承包责任制的生产队已经达到全国生产队总队数的78.8%。[①] 1983年中央一号文件对家庭联产承包责任制进行了充分肯定，认为"联产承保责任制……使集体优越性和个人积极性同时得到了发挥"，"是党的领导下我国农民的伟大改造，是马克思主义农业合作化理论在我国实践中的新发展"。在这份文件精神的鼓励下，1983年底，全国实行家庭承包制的生产队发展到了全国生产队总队数的97.8%。[②] 1984年中央一号文件指出要继续稳定和完善家庭联产承包责任制，延长土地承包期，允许土地转包。至此，我国农村家庭联产承包责任制基本实现稳定并逐渐趋于完善。

（二）家庭联产承包责任制的发展阶段

这一阶段家庭联产承包制的发展主要体现在农产品统购统销制度改革方面。家庭联产承包责任制在农村确立并开始推广后，取得了明显的经济效益。1985年，时任商业部长刘毅在10月召开的全国粮食局长会议上指出："1984年全国粮食产量8146亿斤，比1978年增加2051亿斤，平均每年增产340多亿斤，这是建国以来所没有过的。"[③] 巨大的粮食增长凸显了家庭联产承包制对激发农民生产积极性的激励作用，但农产品统购派购制度对粮食市场的限制，导致了1984年农民卖粮难问题的出现。为了解决这一难题，进一步搞活农村经济，发挥市场的调节作用，1985年中央一号文件《关于进一步活跃农村经济的十项政策》在坚持家庭联产承包制度长期不变的基础上将改革农产品统派购制度作为农村工作的重点，通过取消农产品统购派购任务、取消指令性生产计划、实行合同定购和市场订购、调整农村产业结构、发展农村合作经济等措施进一步解放农村生产力。

① 姜爱林：《改革开放以来中国土地政策的发展变迁（1978—2002）》，《绥化师专学报》2004年第1期。

② 1983年中央一号文件《当前农村经济政策的若干问题》。

③ 《所谓"卖粮难"的问题》，《广西政报》1985年第12期。

（三）家庭联产承包责任制的稳定阶段

这一阶段家庭联产承包责任制的持续稳定发展主要体现在以法律形式对家庭联产承包责任制进行确认以及继续稳定和坚持家庭联产承包责任制方面。

1986年通过的《中华人民共和国土地管理法》明确规定"农民集体所有的土地由本集体经济组织的成员承包经营，从事种植业、林业、畜牧业、渔业生产。土地承包经营期限为三十年"，"土地使用权可以依法转让"。1988年宪法修正案在1982年宪法第十条第四款"任何组织或者个人不得侵占、买卖、出租或者以其他形式非法转让土地"的基础上增加了"土地的使用权可以依照法律的规定转让"的规定。这两部法律明确了家庭联产承包责任制的合法地位与土地承包权转让的合法性，进一步丰富了家庭联产承包责任制的内涵。

家庭联产承包责任制实施并取得显著的效益之后，曾出现过部分地区任意改变土地承包合同，违背农民意愿强行收回承包地的情况。这些情况的出现不仅伤害了农民的生产积极性，更是动摇了农民对土地承包制度的信心。为了稳定家庭联产承包责任制，中央于1990年和1991年相继发布了《关于1991年农业和农村工作的通知》和《关于进一步加强农业和农村工作的决定》，将家庭联产承包责任制作为我国农村的基本制度长期稳定下来。1993年宪法修正案将宪法第八条第一款："农村人民公社、农业生产合作社和其他生产、供销、信用、消费等各种形式的合作经济，是社会主义劳动群众集体所有制经济。参加农村集体经济组织的劳动者，有权在法律规定的范围内经营自留地、自留山、家庭副业和饲养自留畜"修改为："农村中的家庭联产承包为主的责任制和生产、供销、信用、消费等各种形式的合作经济，是社会主义劳动群众集体所有制经济。参加农村集体经济组织的劳动者，有权在法律规定的范围内经营自留地、自留山、家庭副业和饲养自留畜"，明确了家庭联产承包责任制的集体所有制经济性质，将其作为国家的一项基本经济制度以宪法的高度予以确认。此后，国家又先后颁布了多个文件和相关法律，从延长和稳定土地承包期、基本农田保护等方面稳定家庭联产承包责任制。

三　家庭联产承包责任制下农民的土地自主经营权益

家庭联产承包制度实行后，"三级所有、队为基础"的土地所有制开始解体。土地虽然依然归农村集体所有，但土地的使用权、经营权和流转权逐渐回到农民手中。在历经合作化、人民公社之后，家庭重新成为农业生产最基本的单位。相比于土地公有化时代，农民拥有了更多的土地权益，但依然存在诸多不确定因素。

（一）农村集体的土地所有权与农民的成员权

农村土地所有权依然归集体所有，农民只拥有成员权。家庭联产承包责任制实施以后，国家以《宪法》和《土地管理法》的法律形式明确了农村土地的产权性质是农村集体所有。农民个体或者农户作为农村集体的成员之一，拥有对集体土地管理的参与权、对集体组织经营管理集体土地的知情权、对集体土地在经营开发过程中取得收益的获益权和对集体土地进行处分时的表决权。农民的集体成员身份虽然确保了其拥有相应的成员权利，但其成员权在行使的过程中也要受到许多限制，如农民并不能因其拥有成员权而行使对土地所有权进行分割的权利。①

（二）有限期限的土地承包权

农民拥有有限期限的土地承包权，但这项权利具有不确定性。现行宪法第八条明确规定："农村集体经济组织实行家庭承包经营为基础、统分结合的双层经营体制。"这一规定以国家最高法律的形式确定了农民的土地承包经营权。现行《土地承包法》也明确规定："农村集体经济组织成员有权依法承包由本集体经济组织发包的农村土

---

① 毋晓蕾：《农民集体成员权利研究：农民集体成员权权能、限制与救济》，《理论与改革》2013 年第 2 期。

地。任何组织和个人不得剥夺和非法限制农村集体经济组织成员承包土地的权利。"但农民的土地承包经营权不是永久权利，而是有期限的。1984年中央一号文件第一次提出土地承包期的问题，认为"土地承包期一般应在十五年以上"，1986年《中华人民共和国土地管理法》又将土地承包经营期限延长为30年，也有学者提出"可将土地承包期限延至100年"。① 虽然国家相关法律和文件多次明确强调要保护农民的土地承包权，在法律、文件和学术探讨中对于土地承包的期限也都表现出主张延长土地承包期限的趋势，但农民在承包期限内的土地承包经营权依然具有不确定性。政府以"公共利益"等旗号进行征地、城镇化发展过程中将农用承包地转为建设用地等行为都对农民的土地承包权造成了侵害，使农民承包的土地随时面临着被侵占、被收回或者被单方面解除承包合同的风险。

（三）逐渐扩大的土地处置经营权

农民对承包土地拥有越来越大的经营处置权，国家从不允许土地经营权流转向放活土地经营权发展。1981年中央一号文件《全国农村工作会议纪要》在明确了家庭联产承包责任制属于社会主义集体经济的同时，也明确限定了承包土地的经营范围，"社员承包的土地，必须依照合同规定，在集体统一计划安排下，从事生产"，"严禁在承包土地上盖房、葬坟、起土，社员承包的土地，不准买卖，不准出租，不准转让，不准荒废"。也就是说，农民承包的土地只允许在承包合同规定的范围内进行生产经营，且不允许进行流转出让。家庭联产承包制度实施以后，随着农业生产的发展，国家开始注重发展商品生产和提高农业生产经济效益。为了在家庭联产承包责任制的基础上扩大生产规模，国家开始逐渐放活土地经营权。1984年中央一号文件中提出要"鼓励土地逐步向种田能手集中"，允许农民在经过集体同

---

① 邓正阳：《论农村土地产权制度与家庭联产承包责任制》，《社会主义研究》2016年第1期。

意后将承包土地进行转包，但仍然不允许农民买卖、出租承包地，也不允许改变承包土地的农业用途。1985 年《中共中央国务院关于进一步活跃农村经济的十项政策》提出国家要进一步搞活农村经济，取消农产品统购派购制度，允许农产品经营、加工、消费单位可以直接与农民签订收购合同，规定"任何单位都不得再向农民下达指令性生产计划"。这些政策的改变都体现出国家对农民土地经营权的进一步放开。农民拥有了更加自由的土地经营权利，可以自由选择种植何种农作物，可以转包承包地，但仍然不允许农民自由买卖、出租承包地，农民的土地处置权依然受限。2003 年，《中华人民共和国农村土地承包法》正式开始实施，该法第十条明确规定了"国家保护承包方依法、自愿、有偿地进行土地承包经营权流转"，并且规定了土地承包经营权必须在土地承包期内、在不改变土地性质及用途的情况下才能进行流转。这部法律的实施不仅对农民的土地使用权进行了保护，而且也以法律的形式将与土地产权相关的转让权赋予了农民，使农民获得了承包期范围内更加充分的土地权利。

最后，农民重新获得了不完全的土地收益权。不同于人民公社时期农民的土地收益权全部归公社或生产队所有、农民个人完全丧失土地收益权的情况，实行家庭联产承包责任制以后，农民再次获得了土地收益权。只是这项收益权是基于土地农业生产的收益权，并不包括土地流转及买卖等收益权。在 1984 年中央一号文件规定允许农民将承包地转包之前，农民只拥有土地生产的农产品收益权，承包地不允许转包、转让、出租的规定使农民的土地流转收益权无法主张。1984 年中央一号文件发布之后，农民可以通过转包承包地获得土地转包的收益，但由于国家政策仍然不允许承包地出租、转让，农民的土地流转收益权依然受限。2003 年实施的《中华人民共和国土地承包法》赋予了农民自由流转承包地的权利，农民可以通过土地流转获得流转收益，但由于农村土地集体所有权的限制，农民依然没有权利对承包地进行买卖，也因而无法获得土地买卖的收益。在农民承包的耕地被国家征用的情况下，根据 1986 年《中华人民共和国土地管理法》的规定，农民有权利获得征用土地的补偿费并被安置就业，土地的收益权以安置补助费和一次性补偿费的方式体现出来，但由于征地补偿标准的地区差异，导致经济欠发达地区的农民征地补偿费偏低。

家庭联产承包责任制的实行，使农民取得了土地的承包经营权和收益权，继而又取得了土地的转让权，农民的生产积极性和农业生产力水平获得了极大提高。在各项法律的逐渐完善下，农民享有的各项土地权益越来越稳定。农民土地权益的稳步提升，促进了农民的生产积极性，为城镇化发展提供了基础动力。

第二节　城镇化进程中的农村土地资源的多样化开发

一　城镇化与农村土地资源开发的变化

（一）耕地资源的紧张与利用低效

我国现有耕地数量不足 20 亿亩，约占国土总面积的 13.9%，耕地面积居世界第 4 位，但人均耕地占有量仅有 1.38 亩，与世界人均耕地占有量相比，我国人均耕地占有水平远低于世界平均水平的 5.55亩。随着城镇化进程的加快，非农用地数量激增，农村农用土地资源的形势愈显严峻。在现有耕地中，占全国总耕地面积 78.5% 的西北地区和中部黄土高原地区多为中等产量的耕地，高产耕地面积仅占全国总耕地面积的 21.5%。在所有耕地中，配备有灌溉等水利设施的耕地还不到总耕地面积的 40%。而现有土地资源中，沙漠化与半沙漠化土地约有 4.9 亿亩，农作物单产不足 100 斤的盐碱地约有 5 亿亩，可利用的荒地资源约有 18.7 亿亩。由于这些荒地大多分布在土地贫瘠的偏远地带，且较为分散，所以开发难度较大。因此，从整体上看，我国农村土地资源呈现出人均耕地面积少、耕地资源质量差异大、可利用的后备土地资源不足等特点。

在现行农地家庭承包制度下，一些农民通过土地承包权转让将土地转给了土地经营大户进行规模化经营。但总体来说，多数农民依然以经营从集体组织承包的土地为主，土地经营面积较小，而且较为分散。从效益产出的角度来看，这种小而分散的土地经营规模不利于先进的农业技术和农业管理手段的运用，农民因为农业收成的不稳定性，也不愿意对土地进行更多的投资。在土地投入不足、农业技术缺乏、管理水平较低的情况下，土地资源呈现出低效利用的状态。

（二）城镇化与非农建设用地开发剧增

城镇化发展给农村带来两个方面的重大影响：农村人口城镇化和农村土地城镇化。

一方面，大量农村人口向城市转移就业与居住引发城市非农建设用地需求激增。大多数青壮年农民选择进城务工以获取相比于农业生产更多的经济收入，大量农民工向城市流动增加了在城市租房的需求，部分有能力的进城农民开始在城市中买房并定居，导致城市新增住房需求的增加与配套基础设施建设的增加，进而引发城市非农建设用地需求量激增。鉴于我国农村土地资源尤其是耕地资源总体不足的情况，为避免非农建设用地扩张危及粮食安全，我国政府把坚持最严格的耕地保护制度作为我国的基本国策，坚守 18 亿亩耕地红线。

另一方面，城镇化发展本身所需的大量资金和土地主要来源于农村土地非农转用。地方政府在城市发展建设过程中需要大量发展资金和土地作为推动城镇化发展的物质条件。20 世纪 90 年代国家实行分税制改革后，地方政府财政吃紧，土地出让金成为政府汲取财政收入的主要来源，一些地方政府从土地出让金中获取的财政收入占当地财政总收入的比重甚至高达 50%。土地财政的存在势必造成土地的过度开发。同时，城镇化发展也需要大量的农村土地转为非农建设用地，以满足城市发展扩张的需求。资金与土地需求的压力，势必会导致非农建设用地剧增，耕地保护压力增大，用地矛盾逐渐尖锐。

二　实现农村土地资源多样化开发的土地流转模式

城镇化发展也对农业现代化与农村土地多样化开发提出了新的要求。改革开放以来实行的以家庭为基本农业生产单位的家庭联产承包责任制在农业规模化生产、促进农业现代技术运用方面已经逐渐呈现出负面效应。在不改变家庭联产承包责任制这一基本农村土地制度的前提下，要实现农村土地资源利用效率的提高和农村集体土地所有权主体的土地权益主张，就应该在坚持农村集体土地所有权的基础上探索农村土地资源开发的多样化模式。目前，我国各地区结合当地自然条件和经济社会发展情况，因地制宜地创造出了转包、出租、互换、股份合作等多种土地流转模式，以适应城镇化对农业规模化与农业现代化生产提出的要求。

（一）转包模式

转包模式是我国实行家庭联产承包责任制以来较早的土地开发模式，也称为委托代耕，是指土地原承包方在暂时无力经营承包地或者不愿经营承包地的情况下，把自己承包的部分土地或者全部土地转交给承包人所在集体经济组织内的其他人进行农业生产。土地转包给他人后，转出的仅仅是土地的经营使用权，土地的承包权并不随之一同转出。原承包户与发包方签订的合同中规定的承包户的权利与义务都由原承包户履行，代耕转包地的农户只需要对原承包户履行约定好的转包条件即可。转包或代耕费用由双方协商，一般分为有偿转包、无偿转包和倒贴转包 3 种情况。这 3 种转包情况中，土地的各种税费都是由原承包户承担的，区别在于：有偿转包的情况下，代耕户需要向原承包户支付一定的转包费，可以用现金支付，也可以用粮食支付；无偿转包一般是由于原承包户因从事其他产业而无力耕种土地，所以把土地交给亲友或者其他农户进行耕种，且不收取任何报酬；倒贴转包则是土地原承包户不愿意或者无力耕种土地，为了避免土地撂荒或因撂荒土地而被土地发包集体组织收回承包地，所以不仅不收取转包费，而且还愿意向代耕转包地的农户倒贴一部分现金或者化肥。

（二）出租模式

出租模式主要是土地承包人将自己承包的土地以签订租赁合同的方式，交给土地承包人所在集体经济组织之外的其他人或者单位进行农业生产经营的土地流转模式。土地出租给其他人或组织经营后，承租人或承租单位不能改变土地的原用途，并且需要按照租赁合同中约定的数额向土地原承包人交纳租金。租赁合同中约定的租赁时间期限应该在原承包人的土地承包期限内。承包地出租后，土地的原承包人依然负责履行原土地承包合同中的权利和义务，土地承租方并不需要承担土地原承包关系中的义务，只需要根据租赁合同的约定向承包地出租房负责即可。出租与转包都属于目前流转程序中最为简便的模式，而且更加适合经济发展较为落后地区的土地流转，两者的流转操作程序较为相似，差别主要在于转包的对象必须是土地原承包人所在集体经济组织内的人，而出租的对象一般是土地原承包人所在集体经济组织外的人或单位。

（三）互换模式

互换模式主要是农户为了实现农业生产的规模化经营和农业种植结构的调整，通过农户之间互换承包地的方式实现土地连片而进行的土地流转方式。互换模式下的土地流转一般是承包地在土地连片范围内的农户不愿意放弃土地承包经营权的情况下进行的，主要有两种做法：一种是承包地在土地连片范围内的农户可以跟不在土地连片范围的农户的承包地进行互换，这种互换方式一般由农户之间自行沟通协商；另一种是集体经济组织将土地连片范围外无人耕种的撂荒地置换给土地连片范围内的农户，为补偿土地等级的差异和置换土地农户对撂荒地复耕的投入，集体经济组织需要给予置换土地农户一定的补偿费用，以弥补因土地互换而给农户带来的损失，这种互换方式一般由集体经济组织出面与置换土地的农户进行沟通协商。

（四）转让模式

转让模式是土地承包方无力耕种或者不愿耕种承包地且愿意放弃承包权的情况下，向土地发包方提出转让申请，经过发包方同意之后，将承包地转让给其他农户经营的流转模式。转让模式下，土地的集体所有权性质和土地的原用途都不会改变。这种流转模式与转包、出租、互换等模式相比，最大的不同在于转让模式是原土地承包户对土地承包经营权的根本性让渡。土地承包权转让后，土地原承包方与发包方之间的土地承包关系自行终止，土地原承包方在承包合同中规定的权利与义务也随之全部取消，无须再履行，改由土地受让方履行土地承包合同约定的权利和义务。一般来说，土地承包权转让行为的发生出现在承包户家中所有人全部亡故、承包户丧失劳动能力、承包户全家搬离当地并将户口迁出和承包户在城镇中有了稳定的职业和稳定的收入的情况下。其中，以承包户在城镇中有了稳定的职业与收入，能够在城镇中立足的情况居多。转让的土地有效益好坏之分，土地级别高、耕种效益好的土地往往有许多人愿意接受转让承包。而土地耕种效益较低的土地往往没人愿意接受转让承包。集体经济组织对于没有人愿意接受的耕种效益较低的土地，往往在接受农户放弃承包权申请方面非常慎重，一般在有人愿意接受转让的承包权之后，集体经济组织才同意收回承包权。

（五）反租倒包模式

反租倒包模式是指作为土地发包方的集体经济组织在尊重土地承包户自愿意愿的前提下，征得土地承包户的同意，从土地承包户手中将已经承包给农户的土地以支付租金的方式重新租回来，形成大片集中的农田，由集体经济组织重新承包给经营能力较强的种植大户或者农业经济组织。反租倒包模式依然是建立在明确的土地集体所有权和承认土地原承包户的承包权的基础上的。而在实际运行中存在的问题是，虽然反租倒包模式是建立在承认土地原承包户的承包权的基础之上的，但有些集体经济组织的负责人出于利益考量，强行迫使农户把承包地出租给集体，损害农户利益的情况也时有发生。集体经济组织及其负责人将自己的定位从反租倒包的中介协调者变为强制支配者是这种强迫出租替代自愿出租侵权行为的主要原因。

（六）股份合作模式

股份合作模式是在集中农户的承包地的基础上，由集体组织代表农户与股份合作经济组织协商谈判，由股份合作经济组织作为农户的代理人组织农业生产经营，农户将自己承包期限内的土地承包经营权量化成股份，从股份合作经济组织的生产经营收益中获取股份收益。股份合作模式下，土地的所有权性质并未改变，集体依然是土地所有权的主体，土地承包权也依然归土地承包户所有，土地承包的各种税费依然由土地承包户承担，但土地的经营管理权则由农户以股份的方式交由股份经济合作组织代为行使。这种模式是一种农业合作经济模式，对于优化农业生产要素组合，提高农业生产效率具有积极意义，一般在经济发展水平较高的地区采用得比较多。

（七）股田制模式

股田制也被称为土地股份制，是在不改变农村土地集体所有权性质和稳定土地承包权的基础上，以土地原承包户跟发包方签订的土地承包合同为依据，把土地分配成一定数量的股份，成立土地股份公司，土地由每户承包变为土地股份公司共有。土地股份公司由全体村民组成股东大会，通过股东大会选举董事会，由董事会具体实施土地的公开竞包，出让土地经营使用权，再根据土地的实际经营情况确定每股股权收益，农户根据股权证书领取收益。股田制模式下，土地的所有权、承包权和使用权是分开的，土地所有权依然归集体所有，承包权依然归原承包户所有，而土地的使用权则交给土地使用权的竞价中标者。土地实行股权化以后，土地股权可以转让，但土地股权转让相当于土地原承包户将承包权转让，是对土地收益权的一种一次性变现。

三　农村土地资源开发的地方经验——嘉兴模式

城镇化、工业化的推进加速了农民参与城镇化、工业化的步伐。20 世纪 80 年代中后期，改革开放的脚步进一步加快，数以亿计的农村剩余劳动力开始走出农村，进行非农就业。如何处置他们留在农村的土地，实现土地的价值，并从中获取收益，成为土地政策调整的关注点之一。在国家基本土地制度暂未调整的情况下和现行土地相关法规滞后于现实需求的情况下，地方进行的一些土地开发模式是值得我们给予关注并借鉴其经验的。本书从众多地方经验中选取了嘉兴模式进行探讨。

（一）嘉兴模式的启动

浙江嘉兴是我国进行城乡一体化探索较早的地区。早在 1993 年，嘉兴市就首先进行了市区征地改革试点，实行被征地农民安置费的专户存储、统筹使用，将被征地农民引入养老保险机制。1998 年，嘉兴市政府出台了《嘉兴市区土地征用人员分流办法》。2002 年，嘉兴又出台《嘉兴市征地制度改革试点方案》，该方案被国土资源部批准认可后在嘉兴全市各地推行实施，基本形成"以土地换保障"为特征的嘉兴模式。2008 年 4 月，嘉兴市被浙江省确定为统筹城乡综合配套改革实验区，在前期的改革基础上正式提出了"两分两换"的土地改革思路。

（二）"两分两换"的内涵与措施

1. "两分两换"核心内涵。"两分两换"是嘉兴模式的核心内容，"'两分'指的是宅基地与承包地分开、搬迁与土地流转分开，即农民的宅基地和承包地可以分别处置。'两换'是以土地承包经营权换股换租换保障，推进集约经营，转变农业生产经营方式；以宅基地换钱换房换地方，推进集中居住，转变农民生活方式。"①

_____

① 孟祥远：《城市化背景下农村土地流转的成效及问题——以嘉兴模式和无锡模式为例》，《城市问题》2012 年第 12 期。

2. 土地承包经营权换股换租换保障措施。为了发展农业规模化、产业化经营，嘉兴政府针对农户对承包地的不同处置选择安排了两种置换方式。第一种方式是对于选择保留土地承包权，将承包地进行转包或转租的农户，采取返租的形式把土地交给村集体经济组织经营，由村集体经济组织按年付给转包转租户租金。转包转租土地时间超过10年的，可以为其置换与城镇居民同等缴费与待遇标准的社会保障。第二种方式是以放弃土地承包经营权的农户为对象，按当地征地政策执行相应的补偿措施。这种方式又分为两种情况：一种是愿意永久放弃土地承包经营权且无业无社会保障的农户，参照征地政策中对被征地农民的补偿标准为其办理社会保障；另一种是在农村中仍然保留有承包地，但已经进城务工并参加了城镇职工养老保险的农户，如果其愿意放弃土地承包经营权，将以货币形式一次性给予其经济补偿，补偿额度按照置换社会保障的标准支付。除了上述两种方式的置换补偿外，为了鼓励农户进行土地承包经营权流转，嘉兴政府还采取了为参与土地流转的农户发放生活补助、进行就业培训等措施。

3. 宅基地换钱换房换地方的措施。为了改善农民居住环境和生活条件，增加农民财产性收入，帮助农民向市民过渡，推进建设用地集约利用，嘉兴政府采取了宅基地置换的措施，引导农民从分散居住向集中居住方式转变，实现宅基地整理复垦。嘉兴政府为置换宅基地的农户准备了3种置换方案供农户选择：第一种方案是经济补偿方案，即对于不愿意要安置房的农户，可以将其原有宅基地进行价格评估后给予相应的经济补偿，由其自行到城镇购买商品房；第二种方案是置换产业用房方案，即对于有产业用房的农户，可以在政府规划好的产业功能区置换标准产业用房；第三种方案是置换住房方案，置换住房方案可以根据农户的不同选择为农户分别置换政府建好的安置区住房，或者由农民在政府统一规划的集中居住区域内自建住房，政府为其提供相应的建房用地及标准图纸。

（三）嘉兴模式推行成效

1. 推动了农民的市民化速度。嘉兴市"两分两换"模式的改革目标之一就是实现农业经营的规模化和集约化，推动农民由分散居住向集中居住的居住模式转换。在宅基地和承包地置换的过程中，农民通过宅基地置换取得了城镇新住宅或者换得现金到城镇购买新住房，通过土地承包经营权换得了社会保障，从而为农民实现落户城镇、稳定就业、实现从村民身份向市民身份的转换提供了保障，推动了农民市民化的速度。

2. 提高了农民居住质量。"两分两换"政策执行前，嘉兴农民的居住条件是传统的、没有统一规划的、分散的村落居民点。居民点规模小、整体环境差、结构不合理、公共设施不齐备，既浪费土地资源，也不能给农民提供更高的居住质量。"两分两换"政策执行后，农民通过宅基地置换为政府统一规划的城镇房屋或是到城镇中购买的商品房，置换后实现了集中居住，集中居民点规模变大、基础公共设施配置齐备、整体环境优化、服务结构更趋合理，提高了农民居住质量。

3. 实现了土地资源的集约整合与农业的规模经营。嘉兴通过宅基地和承包地置换，对土地资源进行了重新规划整合，对置换过的宅基地和承包地进行了复垦与调整，有效地实现了土地资源的集约整合与土地的连片集中。一方面解决了城乡建设用地紧张的压力，另一方面也为农业规模经营提供了必需的集中土地资源，促进了农业经营的规模化发展。

4. 维护了农民的社会保障权益。在中国目前的社会经济发展水平下，土地除了作为农民最重要的生产要素外，还承载着农民的社会保障功能，作为农民社会保障的综合性保障载体，"它包含最低生活保障功能、养老保障功能、医疗保障功能、失业保障功能和城市人口所具有的基本保障项目"①。但这种基于土地的社会保障并不能很好地满

---

① 陈华彬：《城乡一体化路径探寻——兼论"两分两换"嘉兴模式》，《牡丹江大学学报》2011 年第 2 期。

足农民的基本保障需求，更多的时候只是一种维持农民最低生存的保障，所以无法高水平地维护农民的社会保障权益。在"两分两换"模式中，"土地换社保"政策给农民建立了与城镇居民相同的社会保障，赋予了农民更加稳定的社会保障权益。

（四）嘉兴模式的启示

嘉兴模式是在当地政府主导下进行的农村宅基地使用权和土地承包经营权流转的地方经验，是在城镇化发展过程中破解城乡建设用地紧缺这一"瓶颈"的探索，是地方经验对我国农村土地制度的一种创新性尝试。嘉兴模式通过宅基地置换与土地承包权换社保的措施推动了农业和农村的发展，也赋予了农民更加稳定的社会保障，但依然面临着一些问题。比如宅基地和承包地置换中农民是否全部自愿置换？置换土地农民的就业问题与后续生活来源问题如何解决？土地承包期到期后如何衔接？土地置换过程中的安置补偿纠纷如何解决？政府主导下谁来监督政府？这些问题的存在既有政策实施中的具体问题，也有制度层面的问题。因此，嘉兴模式依然需要继续在改革中不断探索和改进。

第三节　农村土地资源配置及其发展趋势

农村土地资源配置是以产业设置、结构调整为手段，对农村土地按照不同用途进行配比与整合，达到农村土地资源的优化配置，以提高土地利用效率为宗旨，为区域经济发展提供良好的支撑与保障。城镇化快速发展对农村土地与人口、技术、资本、产业等基本生产要素提出了新的组合要求，推进土地资源优化配置、提高土地资源利用效率成为城镇化进程中农村土地资源配置的必然趋势。

一　城镇化进程中的农村土地资源配置

现有农村土地资源配置主要是沿用计划经济体制下的计划调节机

制对农村土地资源进行配置。20 世纪 80 年代初期创立的家庭联产经营制度，是当时国家对农村土地进行计划调节配置的主要手段。这一农地制度虽然在当时曾经极大地促进了农业生产效率的提高和农业经济的发展，但随着城镇化快速发展与农村社会产业结构调整，这种农地资源调节机制越来越呈现出对当前社会发展的不适，农村土地资源低效无序利用与闲置荒废的现象越来越普遍。

（一）宅基地闲置现象日益突出

城镇化发展推动了农村人口向城市转移，尤其是青壮年农村居民逐渐向城市寻求发展。部分农村居民选择了在城市购房定居，他们在农村的住宅长年闲置，无人居住，还有一部分农村居民选择了在城市打工赚钱后回乡建设新房。随着农村人口的不断增加和农村居民对居住条件与居住环境要求的提高，农村新建住宅越来越多，呈现出在原有村庄基础上向外扩张的趋势。而居民在村庄中的原有老旧住宅却既不拆除也无人居住，逐渐形成村庄宅基地增多但却大面积闲置的"空心村"现象。

（二）耕地撂荒现象普遍存在

市场经济环境下，农业生产资料的价格不断上涨，而农产品的价格上涨速度却远低于农业生产资料的价格上涨速度。农民在追加土地投入的同时无法从中获得合理的收益，农村土地的细碎化经营又进一步限制了先进农业技术与大型农业机械的推广普及，难以实现技术效益和规模效益。因此，当城镇化为农民带来更多的就业机会，选择进城务工而放弃农业经营就成为大多数青壮年农民的理性选择，不同程度的耕地撂荒也逐渐成为全国普遍存在的现象。

（三）建设用地利用低效无序

城镇化进程的加快和现行土地制度对农村集体土地流转的限制，导致建设用地紧张与土地低效无序利用并存的情况。一方面，大量农村人口向城镇转移就业和定居，农村大量宅基地闲置。在当前法律尚不允许农村宅基地自由转让和抵押的情况下，农村宅基地不能通过市场渠道进行盘活变现，导致农村建设用地利用效率低下。另一方面，农村原有宅基地和新建宅基地均由农民自发兴建设计，没有统一的村落整体布局和规划，农村住宅房屋布局分散混乱，导致农村建设用地浪费与无序使用。

二　农村土地资源配置发展趋势

农村土地资源的低效无序利用阻碍了农村经济发展与农业规模化、产业化经营，不利于农业生产效益的提高，农村土地经营模式需要进一步优化调整来适应城镇化和现代农业发展的需求。在城镇化、产业结构调整和现代技术的推动下，农村土地资源配置正逐渐向规模化、市场化、企业化的方向发展。

（一）农地资源整合的规模化趋势

20 世纪 80 年代逐渐实行并推广的家庭联产承包责任制改变了人民公社时期集体耕种的土地经营模式，将土地按照人口分配到每家每户耕种。这种分散的以家庭为经营单位的土地经营模式在当时国民人均总体收入较低、农业现代化技术水平较低、粮食紧缺的情况下，对于提高农民耕种积极性、提高农业生产力水平、提高农民收入水平确实发挥了巨大的积极作用。但随着国家工业体系的逐步建立、国家经济持续发展和国民人均收入的提高，粮食短缺的情况已经得到极大改善。受土地经营规模限制，农民通过土地提高收益的成本投入越来越高，农民在粮食供应极大丰富的情况下通过种植粮食获取的收益却呈下降趋势，这与追求经济效益为主的市场经济规律相背离，也不符合农业产业化的要求。"把各小块土地结合起来并且在全部结合起来的土地上进行大规模经营的话，一部分过去使用的劳动力就会变为多余的；劳动的这种节省就是大规模经营的主要优点之一"①，在城镇化、工业化发展为农民提供了能够为其带来高于农业种植收益的就业机会

---

① 《马克思恩格斯选集》（第 4 卷），人民出版社 2012 年版，第 9、370 页。

的情况下，通过土地的大规模经营节省下来的劳动力就能够脱离农业生产，去从事工业或服务业以提高其经济收入。因此，突破家庭联产承包责任制下的土地规模限制，探索农村土地的规模经济效益，发展土地规模化成为城镇化推动下农村土地资源发展的必然趋势。

（二）农地资源配置的市场化选择

土地是农业生产最为关键的生产要素，既是最重要的农业生产资料，也是农民最宝贵的有形资产。但是，受我国城乡二元经济体制的影响，农村土地资源缺乏有效配置，农村土地资源流动受限，农地作为有形资产的增值、保值和变现无法得到很好的体现，直接导致了农民降低对土地的投入、撂荒弃耕等情况。为了使农村土地资源得到有效保护和合理利用，我国农村从实行家庭联产承包责任制以来，就逐步出现多种多样的促进土地优化配置的土地流转形式。如土地逐步向少数种田能手手中集中的家庭农场模式、向经济实体手中集中的土地租赁模式、向集体经济组织手中集中后再进行配置的反租倒包模式、土地承包户将土地有偿或无偿转让给亲朋好友耕种的转包转让模式等，这些土地流转形式都是农村土地资源向市场化配置方向发展的萌芽，是农民在提高土地利用率、减少土地撂荒闲置、实现土地资产货币价值面前的理性选择。

（三）农地经营运行的企业化模式

中华人民共和国成立以来，我国对农业土地经营实行的一直是传统行政化的管理模式。尤其是从合作化运动到人民公社之后，农村土地经营完全由命令式的行政计划经营模式取代了农民根据需要与土地情况进行经营的自主经营模式。实行家庭联产承包责任制以来，农民重新取得了农地的自主经营权，根据市场需求从农作物耕种的微观层面调节农业土地使用。但国家仍然从宏观上对农村土地资源管理发挥着强制性的行政管理作用，这种强制性行政管理在市场经济环境下阻碍了农村土地资源进行灵活有效的配置。转变传统的具有行政强制和封闭落后双重特征的土地资源经营管理模式，探索企业化管理的新型土地经营模式，将现代企业管理方法与理念引入农村土地经营与配置，运用市场规律与现代管理技术推进农业生产与土地经营的现代化，是目前市场经济条件下，农业经济发展与农村土地资源实现高效配置的优化选择。

第四节 农村土地制度及其调整

城镇化推动了农村土地资源开发模式的多样化，使农村土地资源配置向规模化、市场化、企业化趋势发展。农村土地资源开发模式与发展趋势的发展变化必然会对农村土地制度提出相应的调整要求。本节将对农村土地承包经营权流转制度、农村集体建设用地使用权流转制度以及征地制度及其在规模化、市场化、企业化的土地资源配置趋势下的调整进行阐述与分析。

一 农村土地承包经营权流转制度的确立与调整

（一）农村土地承包经营权流转制度的认识基础

"农村土地承包经营权"的概念来自 20 世纪 80 年代确立的家庭承包责任制。在安徽凤阳小岗村对"包产到户"的突破尝试下，国家逐步确立家庭承包责任制这一农村基本经济制度。家庭承包责任制与人民公社时期的经营模式相比，最大的特点就是由集体统一经营转变为家庭承包经营。农民对自己承包的土地拥有自主经营权，成为农地经营的主体，根据承包合同约定享有相应的权利并承担相应的义务，即农村土地承包经营权。

"农村土地承包经营权流转"则是农民转让农地经营权、保留农地承包权的行为。丁关良结合《农村土地承包法》中关于土地承包经营权流转的规定和民法中的物权法理论，将农村土地承包经营权流转定义为：在保留所有权属性与使用用途不变的基础上，以转让物权的形式转让其农地经营权。① 农地经营权流转之后，土地的集体所有权属性与承包户的基本承包权利和义务都没有改变，只是农地承包户按照相关政策和法律的规定，将承包地交由他人经营。

在农村土地承包经营权流转的发展实践中，国家通过建立和完善相关文件和法律，不断明确流转原则、细化具体的流转程序，逐渐形成我国农村土地承包经营权流转制度。

（二）农村土地承包经营权流转制度的制度建构

我国农村土地承包经营权流转制度是在改革开放后土地承包经营权流转实践发展的基础上逐步发展起来的，这一过程可以分为3个阶段。

1. 实践尝试阶段。1978年党的十一届三中全会召开，逐步确立家庭承包责任制为农村的基本经济制度以后，农村土地流转才逐渐开始松动。虽然当时的1982年《宪法》和《全国农村工作会议纪要》都明确禁止农村土地承包经营权流转，但部分地区仍出现了小规模的土地承包经营权流转实践。如1983年吉林四平对192个生产队进行调查时，就发现存在农户自发进行的土地承包经营权流转，转包户占总农户的2.2%，转包土地占土地总数的1.3%；江西省宜春县调查也发现存在2%的转包户和1%的土地转包。② 从流转的农户比例和土地比例上来看，这一时期土地承包经营权流转的规模还很小，农户大多偷偷进行地下流转。

2. 制度确立阶段。1984年以后，家庭承包责任制在全国普遍建立起来。中央一号文件《关于一九八四年农村工作的通知》中提出鼓励土地向种田能手集中，并且允许社员自己找流转对象协商转包，转包条件由双方商定。这一规定是我国农村土地流转政策的突破性转

①　丁关良：《农村土地承包经营权流转的法律思考——以〈农村土地承包法〉为主要分析依据》，《中国农村经济》2003年第10期。

②　杜润生：《中国农村制度变迁》，四川人民出版社2003年版。

变。此后，国家又相继出台了多个关于农村土地流转的指导性文件和相关规定，进一步确立了我国农村土地流转制度（见表3-1）。这一阶段，我国农村土地流转活动开始逐步活跃起来，虽然仍是以农户之间的自发流转为主，但流转数量明显增加。根据2002年上半年全国各省调查统计数据显示，全国土地承包经营权流转面积466.67万公顷，占承包地总面积的6.7%，比2001年上半年增加1.33个百分点，[①] 到2001年底，全国土地承包经营权流转面积已经占到承包地总面积的6%—8%；发达地区的承包地流转面积占比最高已经达到20%—30%。[②]

表3-1　　　　　中共中央、国务院关于农村土地承包
经营权流转的文件及内容（1984—2007）

时间	文件名称	关于土地流转原则的相关内容
1984年1月	《中共中央关于一九八四年农村工作的通知》	允许土地流转，鼓励土地向种田能手手中集中，认可对土地由流转双方协商转包条件，土地使用权流转时对农民向土地的投资进行合理补偿
1987年1月	《中共中央关于把农村改革引向深入的通知》（中发〔1987〕5号）	在土地承包合同中规定土地等级指标作为土地转包时补偿土地投资的依据
1993年11月	《中共中央、国务院关于当前农业和农村经济发展的若干政策措施》（中发〔1993〕11号）	允许农民在不改变承包地集体所有制的前提下，经发包方同意，依法对土地使用权进行有偿转让
1993年11月	《中共中央关于建立社会主义市场经济体制若干问题的决定》	允许农民对土地承包经营权在规定条件下的继承，允许农民依法对土地使用权进行有偿转让，允许以转包等多种形式适度发展规模经营

① 汤鹏主：《土地承包经营权流转与政府角色界定》，《改革》2009年第11期。

② 张丁、万蕾：《农户土地承包经营权流转的影响因素分析——基于2004年的15省（区）调查》，《中国农村经济》2007年第2期。

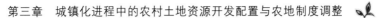

续表

时间	文件名称	关于土地流转原则的相关内容
1995 年 3 月	《国务院批转农业部关于稳定和完善土地承包关系意见的通知》（国发〔1995〕7 号）	建立土地承包经营权流转机制，规定土地流转要签订书面合同并备案，确认对农民土地流转合法权益的法律保护
1996 年 1 月	《中共中央、国务院关于"九五"时期和今年农村工作的主要任务和政策措施》	建立土地使用权流转机制，鼓励具备条件的地方开展多种形式的适度规模经营
1996 年 6 月	《国务院办公厅关于治理开发农村"四荒"资源进一步加强水土保持工作的通知》（国办发〔1996〕23 号）	允许"四荒"使用权依法继承、转让或转租，购买"四荒"使用权期限不超过 50 年，并依法享有继承、转让、抵押和参股联营的权利
1997 年 8 月	《中共中央、国务院办公厅关于进一步稳定和完善农村土地承包关系的通知》（中发〔1997〕16 号）	允许农民自愿有偿转让部分"责任田"的使用权 | 强调农民进行土地流转的自愿、有偿原则
1998 年 10 月	《中共中央关于农业和农村工作若干重大问题的决定》	强调不得以任何理由强制农户转让土地使用权
1999 年 1 月	《中共中央、国务院关于做好 1999 年农业和农村工作的意见》	健全制度，对机动地以及土地流转实行规范管理
2001 年 12 月	《中共中央关于做好农户承包地使用权流转工作的通知》（中发〔2001〕18 号）	指出承包地使用权流转不能强迫或强行推行，不能改变土地农业用途，不得截扣农户的土地流转收益，要求地方政府强化服务与管理
2003 年 10 月	《中共中央关于完善社会主义市场经济体制若干问题的决定》	提出要完善土地承包经营权流转办法，发展适度规模经营，实行最严格的耕地保护制度
2004 年 12 月	《中共中央、国务院关于进一步加强农村工作提高农业综合生产能力若干政策的意见》（中发〔2005〕1 号）	对强迫农户流转承包地的情况予以检查、纠正、追责，要求各地制定农村土地承包法实施办法
2005 年 12 月	2006 年中央一号文件：《中共中央、国务院关于推进社会主义新农村建设的若干意见》	稳定和完善以家庭承包经营为基础、统分结合的双层经营体制

时间	文件名称	关于土地流转原则的相关内容
2006 年 12 月	2007 年中央一号文件：《中共中央、国务院关于积极发展现代农业扎实推进社会主义新农村建设的若干意见》	落实最严格的耕地保护制度，切实保护基本农田推广农业产业化经营
2007 年 10 月	《高举中国特色社会主义伟大旗帜为夺取全面建设小康社会新胜利而奋斗——在中国共产党第十七次全国代表大会上的报告》	健全土地承包经营权流转市场，发展多种形式的适度规模经营，支持农业产业化经营

3. 制度完善阶段。2008 年，党的十七届三中全会召开，会议通过了《中共中央关于推进农村改革发展若干重大问题的决定》，提出要"加强土地承包经营权流转管理和服务，建立健全土地承包经营权流转市场，按照依法自愿有偿原则，允许农民以转包、出租、互换、转让、股份合作等形式流转土地承包经营权，发展多种形式的适度规模经营"①。2011 年以后，中央及各地地方政府纷纷颁布推进农村土地承包经营权流转的文件，出台土地承包经营权流转的各项管理制度和规范程序。这些文件与规定进一步放开了农村土地承包经营权流转，赋予了土地承包经营权多种形式流转的合法性，将土地承包经营权流转改革推向纵深阶段（见表 3 - 2）。

表 3 - 2　　　　　中共中央、国务院关于农村土地承包
经营权流转的文件及内容（2008—2015）

年份	文件名	内容
2007 年 12 月	2008 年中央一号文件：《中共中央、国务院关于切实加强农业基础建设进一步促进农业发展农民增收的若干意见》	提出加强土地流转中介服务，完善土地流转合同登记、备案制度，防止和纠正强迫农民流转和通过流转改变土地农业用途等问题

---

① 《中共中央关于推进农村改革发展若干重大问题的决定》，2008 年。

续表

年份	文件名	内容
2008 年 10 月	《中共中央关于推进农村改革发展若干重大问题的决定》	允许发展多种形式的土地承包经营权流转和适度规模经营，强调土地承包经营权流转不得改变所有权性质和土地用途，不得损害农民承包权益
2012 年 2 月	2012 年中央一号文件：《中共中央、国务院关于加快推进农业科技创新持续增强农产品供给保障能力的若干意见》	引导土地承包经营权流转，发展适度规模经营，推进农村地籍调查和农村土地确权登记颁证工作健全土地承包经营纠纷调解仲裁制度
2012 年 12 月	2013 年中央一号文件：《关于加快发展现代农业进一步增强农村发展活力的若干意见》	研究现有土地承包关系保持稳定并长久不变的具体实现形式。提出以解决土地细碎化为目标提出基本农田的互利互换流转，探索工商企业租赁承包地准入和监管制度，加强农村土地承包经营纠纷调解仲裁体系建设
2014 年 1 月	2014 年中央一号文件：《关于全面深化农村改革加快推进农业现代化的若干意见》	赋予农民对承包地占有、使用、收益、流转及承包经营权抵押、担保权能
2015 年 12 月	2016 年中央一号文件：《中共中央国务院关于落实发展新理念加快农业现代化实现全面小康目标的若干意见》	完善"三权分置"办法，鼓励和引导农户自愿互换承包地块实现连片耕种

从表 3－2 中国家发布的一系列政策和法律规定来看，我国农村土地承包权流转制度不断完善与发展，在一定原则下进行了适应城镇化发展要求的调整。

（1）坚持依法、自愿、有偿的土地承包权流转原则

自 1984 年《中共中央关于一九八四年农村工作的通知》中允许农村土地承包经营权进行流转之后，我国在后续发布的一系列文件中多次强调要坚持依法、自愿、有偿的原则对农民承包地使用权进行合

理流转，强调不能违背农民意愿进行流转，不能强迫农民进行流转，不能通过土地使用权流转损害农民利益，并不断完善农村土地承包经营权流转的管理办法和相关制度，以确保农民能够按照自己的意愿合法进行土地流转，获取合理的土地流转收益，使其土地流转权益不受侵害。

（2）从禁止流转到逐渐放开，从有限允许到鼓励引导

1984年中央一号文件明确允许农村土地流转之前，家庭承包责任制正处于在全国逐步建立的过程中，人民公社对土地实行"三级所有，集体经营"的政策依然发挥作用。按照人民公社时期的土地政策，是明确禁止土地使用权流转的，农村土地流转基本处于停滞状态。1984年家庭承包责任制普遍建立并允许农村土地流转之后，国家对农村承包地使用权流转的管控逐渐放开，对农村土地承包权流转也从有条件的允许流转到采取积极政策鼓励并引导农民进行土地流转。①在流转形式上，从最初只允许以转包形式流转，到后来逐渐允许农民以转包、转让、互换、入股等多种形式进行流转并承认其合法性，赋予其法律保护；②在流转条件上，从最初的土地转入户在接受流转土地的同时还要接受原承包户与集体签订的承包合同的内容，不得改变土地农业用途，并需要完成国家粮食统购统销任务等诸多限制条件，到后来只要求不改变土地的农业用途，其他流转条件由土地流转双方协商决定，不再设置其他限定条件；③在流转程序上，最初规定土地流转必须经过发包方同意并办理相关登记和备案，到后来更趋向于强调作为发包方的农村集体经济组织为农民进行流转提供服务以确保农民的流转权益不受侵害。并强调农村集体经济组织除不能强迫农民进行土地流转外，也不能妨碍农民进行自主流转，即作为发包方的农村集体经济组织在农村承包地流转中所起到的作用不再是约束控制作用，而是更倾向于发挥保护农民权益的程序管理作用和服务作用；④在流转方向上，最初是鼓励土地向种田能手集中这种单一的流转方向，后来则向鼓励农民发展多种形式的规模经营的方向发展，继而进

一步明确提出向专业大户、家庭农场、农业合作社等方向发展，并逐步探索向工商资本经营农地的方向流转。这一系列的转变说明国家对农村土地承包经营权流转的态度越来越趋向于开放与鼓励，赋予了农民更多的流转自由和流转选择。

（3）从自发流转到规范流转，从强化管理到探索创新

国家允许农村土地承包经营权流转之初，并没有对农民土地流转进行导向性的指导与组织，只是对农民进行土地流转的流转方向、流转形式、流转程序进行了限定。大多数地区的农村土地承包经营权流转以农户之间自发进行的流转为主，土地流转频率和流转规模都不是很大。随着市场经济的发展和城镇化对农村人口流动的推动，农户对土地流转的需要增加了，土地流转规模和流转频率也越来越大。国家开始从程序规范、法律保护、市场服务等方面加强对农村土地承包经营权流转的规范管理。先是逐步建立土地承包经营权流转机制，以签订书面合同和备案的方式赋予农民土地流转权益的法律保护，要求地方政府和农村集体经济组织在农村土地流转中提供政策指导、法律服务，并对农村土地承包经营权流转情况进行调查管理；然后开始健全土地承包经营权流转市场，督促地方政府管理部门向农户提供土地流转中介服务，鼓励发展市场化的土地流转服务组织，发挥市场在土地流转中的调节功能与激励作用；到2010年，中央一号文件更是首次提出要构建农村土地承包经营纠纷调解仲裁体系，加强了国家对农村土地承包经营权流转的全程管理。除了从各个方面加强对农村土地承包经营权流转的规范管理，从中央下发的关于农村土地承包经营权流转的文件中可以发现，国家从允许农村土地承包流转权流转开始，就不断地对农村土地承包权流转的发展进行探索和创新：一是更加注重农民在土地流转中主体地位的体现和农民合法流转权益的保护；二是更加强调地方政府在农村土地流转中从管理职能向服务职能的转变；三是不断尝试新的农村土地承包经营权流转方向与模式，逐渐尝试将工商业资本、金融行业等市场机构引入农村土地承包经营权流转，鼓

励市场功能在土地流转中的发挥；四是研究家庭承包责任制下放活农地经营权的实现形式，落实并完善所有权、承包权、经营权"三权分置"的办法。30多年来国家对农村土地承包经营权流转的一系列规范、管理与创新措施的建设与尝试，推动我国农村土地承包经营权流转逐渐走上规范化、多样化的道路，使农民的土地流转权益得到更加充分的实现。

（三）农村土地承包经营权流转制度的主要特征

国家发布的一系列政策和法律确立了我国农村土地承包经营权流转制度体系的基本框架，我国农村土地承包经营权流转管理也日趋规范。全面审视我国农村土地承包经营权流转制度，主要呈现以下几个特点。

1. 流转以行政性调整为主，市场配置功能发挥不足

自1984年国家开始允许农村土地承包经营权流转以来，国家相关文件中一再强调农村土地承包经营权流转要坚持依法、自愿、有偿的原则，强调不能强迫农民进行流转。2016年新推行的以农村土地所有权、承包权、经营权的"三权分置"为主要特征的农村经济体制改革和"30年不变、增人不增地、减人不减地"的农村第二轮土地承包政策的推行，为农村土地承包经营权的流转提供了政策支撑和制度保障。[①]《物权法》中也"首次明确了承包经营权的物权性质，确定了农民是土地直接受益主体的法律地位，以及参与管理、订立承包合同主体资格的法律保障"[②]。但在农村土地承包经营权的实际流转中，一方面，由于现行农地制度的安排和《物权法》对农村土地承包经营权流转在转让范围、转让程序、转让方式、转让条件等许多方面的限制，导致农村土地承包经营权流转因其承包经营权的不完全性而造成农地流转交易价格降低和交易成本提高。这些情况使农村土地承包经

---

① 钱忠好：《农村土地承包经营权产权残缺与市场流转困境：理论与政策分析》，《管理世界》2002年第6期。

② 李明、周庆祝：《土地承包经营权流转中的农民权益保护问题研究》，《社会主义研究》2012年第4期。

营权流转的实际交易价格并不能真实反映土地的市场价值，农民也因此而减少农村土地承包经营权流转市场的土地供给，导致市场对农村土地承包经营权的配置调节功能无法发挥。另一方面，基层地方政权和乡村干部出于上级地方政府的流转任务摊派压力、政绩形象工程、增加基层政府收入和自身利益等考虑，更倾向于维护土地流转的行政性调整，以行政手段干预农民土地承包经营权流转，为其利用行政职权谋取利益提供便利。农民群体人数虽多，但组织力量分散的特征使农民群体在与基层政府和乡村干部的土地流转博弈中处于弱势地位，无力抗衡基层政府和乡村干部对土地承包经营权流转的强制性行政干预，土地流转的行政性调整趋势更为增强。因此，虽然自改革开放以来国家发布了一系列文件鼓励农村土地承包经营权的市场流转，但就目前我国农村土地承包经营权流转的总体水平来看，依然是以行政性调整为主，市场流转机制并未在农村土地承包经营权流转中发挥主要作用。

2. 流转制度建设颇有成效，但仍未形成完整的体系

自国家逐渐放开土地承包经营权控制，取消土地承包经营权流转禁令，允许农民对承包地进行流转之后，我国农村土地承包经营权流转制度也逐步建立起来。从禁止土地流转到逐步允许并承认土地流转，再发展为确立正式的土地流转制度，我国的农村土地承包经营权流转制度经过 30 多年的发展建设颇有成效。

改革开放初期，我国涉及农村土地承保经营权流转最重要的法律主要有 1982 年《宪法》、1986 年《民法通则》和 1986 年《土地管理法》。这 3 部法律都分别规定了不允许对农村土地进行买卖、转包、出租、抵押、入股，也明确规定了其他形式对农村土地进行转让的非法性质。这些规定说明在 20 世纪 80 年代中前期，我国是明确禁止农村土地承包经营权流转的。

20 世纪 80 年代后期，国家开始逐步允许农村土地承包经营权流转。在 1988 年《宪法》修正案、1988 年修订的《土地管理法》中分

别增加了允许土地使用权依法转让的条款，赋予土地承包经营权流转法律保障。这些法律规定的调整说明我国开始逐步承认农村土地承包经营权流转的合法性。1993 年《农业法》、1995 年《担保法》又分别明确了承包土地可以转让并进一步对有关流转方式的规定进行了细化，说明我国农村土地承包经营权流转已经逐步被纳入法制化轨道。

21 世纪以来，我国农村土地承包经营权流转制度建设进入规范完善阶段。2002 年《农村土地承包法》的颁布标志着我国农村土地承包经营权流转制度的正式确立。① 该法与 2005 年农业部颁布的《农村土地承包经营权流转管理办法》对土地承包经营权流转的具体规则与办法做了详细规定，成为规范农村土地承包经营权流转的重要法律依据。2007 年《物权法》又将土地承包经营权确定为用益物权属性，这意味着我国正式从法律上确立了土地承包经营权的物权属性，结束了长期以来关于土地承包经营权性质的争论，为土地承包经营权流转奠定了充分的法理基础。② 2008 年中央一号文件提出健全土地承包经营权流转市场，完善土地流转的相关制度。2010 年、2012 年和 2013 年的中央一号文件分别提出对农村土地承包经营纠纷调解仲裁制度和仲裁体系的系统建设。2014 年、2015 年和 2016 年的中央一号文件则进一步提出放活土地经营权，允许并探索将工商资本、金融机构等引入农村土地承包经营权流转。这些文件对农村土地承包经营权发展方向的政策引导，基本上明确了我国农村土地承包经营权市场流转法制化的发展方向。

虽然取得了显著的建设成效，但应该看到农村土地承包经营权流转制度还存在诸多缺陷，有关法律规定的冲突与模糊导致我国农村土地承包经营权流转制度体系建设尚需完善。如《农业法》、《农村土

① 杨光：《我国农村土地承包经营权流转制度的缺陷与完善对策》，《当代经济研究》2011 年第 10 期。

② 杨光：《我国农村土地承包经营权流转制度的缺陷与完善对策》，《当代经济研究》2011 年第 10 期。

地承包法》和《物权法》中对土地承包经营权在债权与物权之间的界定差异，相关法律对农村集体土地所有权主体的模糊认定，对流转方式的粗糙规定等，严重制约着我国农村土地承包经营权流转的发展，亟待从总体上进行系统完善。

3. 流转方式呈多样化发展，但农户的流转动力不足

随着农村土地承包经营权流转机制的逐渐发展，农村土地承包经营权流转方式也由原来单一的转包、转让方式向多种形式发展。1984年《中共中央关于一九八四年农村工作的通知》只对转包这种土地流转方式予以承认。1993年《中共中央、国务院关于当前农业和农村经济发展的若干政策措施》中，在转包这种方式之外提到了有偿转让的流转方式。1993年《中共中央关于建立社会主义市场经济体制若干问题的决定》中，除了承认转包、转让这两种流转方式外，还明确提到了入股这种流转方式，并允许以多种形式发展规模经营，但"多种形式"都包括哪些形式并没有明确。1995年《国务院批转农业部关于稳定和完善土地承包关系意见的通知》明确了转包、转让、互换、入股这4种流转方式受法律保护，这就意味着这4种方式以外的流转方式不在法律保护范围内。1995年之后，中央关于农村土地承包经营权流转的文件中以赋予农民更多土地流转自主权、保护农民流转权益为主要方向。对农村土地承包经营权流转方式的表述不再具体至某一种或某几种流转方式，而是在不得改变承包地所有权性质和土地用途的基本原则的限定下，允许农民以多种形式进行土地承包经营权流转。这一基本原则的规定既确保了基本农田保护，也赋予了农民更加灵活的土地流转自主权。2013年中央一号文件中除了继续坚持依法、自愿、有偿原则外，还提出了不强迫农民流转、不损害农民权益、不改变土地用途、不破坏农业综合生产能力这些基本流转要求。在这些原则和要求的基础上明确了国家对农村土地承包经营权向专业大户、家庭农场、农民合作社流转的鼓励方向。这实际上是承认了符合这些基本原则和基本要求的各种创新的土地流转方式都是被允许

的。2014 年和 2015 年中央一号文件中分别允许土地承包经营权向金融机构抵押融资和制定工商资本租赁农地准入及监管办法，将金融机构和工商资本也纳入农村土地承包经营权的流转方向，进一步扩展了土地承包经营权的流转方式。

从 1984 年以来农村土地承包经营权流转方式 30 多年的发展趋势来看，我国农村土地承包经营权流转方式从单一、限制逐渐向多样化、鼓励创新的方向发展，为农村土地承包经营权流转提供了更多的流转方式选择，从政策条件上满足了农村土地承包经营权流转快速发展的需要。然而在多样化的流转方式选择下，由于农村集体组织在土地承包经营权流转过程中没有充分发挥其组织功能，对于集体组织应该承担的社会服务和经济管理功能认识不足，导致农村土地承包经营权流转以农民的自发流转为主，流转的整体效果较差。从大量土地流转的调研结果来看，"土地自发流转属于典型的以诱致性为主的制度变迁"[1]。农民作为流转的主体之一，本应发挥主导作用，但实际上却往往受基层地方政府和集体组织的行政命令或强制执行等强势措施的影响，使其主导作用不能得到充分发挥，导致农民进行土地承包经营权流转的主观动力和市场动力都相对不足。

4. 流转规模及比例增长快，但总体流转水平偏低

自 20 世纪 80 年代我国一些地区出现少数农民自发进行土地承包经营权流转以来，我国农村土地承包经营权流转基本以农户的自发性流转为主，农村土地承包经营权流转一直处于低速缓慢发展的状态。20 世纪 80 年代中期国家允许农村土地流转以后，全国进行耕地转包、转让的农户数量和农地数量才逐渐开始增加。根据原农业部调查的数据显示，1990 年全国进行农村土地承包经营权转包、转让的农户达到 208 万户，占农户总数量的 0.9%，转包、转让的承包地为 637.9 万亩，占全国耕地总面积的 0.44%；1992 年全国共有 473.3 万农户进

---

① 杨少垒：《土地承包经营权流转的动力机制研究》，《经济与管理研究》2009 年第 6 期。

行了土地承包经营权的转包、转让，占农户总数量的 2.3%，转包、转让的承包地数量有 769266 公顷，占全国耕地总面积的 0.9%。相比于 1990 年的流转情况，流转农户数增长 126.6%，流转承包地数量增长 80.9%；1994 年，全国共有 238.4 万农户进行土地承包经营权转包、转让，转包、转让承包地数量有 63.68 万公顷。同 1992 年相比，流转农户数量下降了 49.6%，流转承包地数量下降了 17.2%；1997 年，全国进行农村土地承包经营权转包、转让的农户有 316 万户，占农户总数量的 1.2%，转包、转让的承包地为 1535 万亩，占全国耕地总面积的 1.2%。从这一时期的流转数据来看，虽然参与流转的农户数量和承包地数量的总体比例不高，流转农户数量和流转承包地数量还时有下降，但总体上是持续增加的，全国农村土地承包经营权流转总体上呈现增速发展。

受 2000 年《农村土地承包法》的实施和农业税费改革等政策和制度因素的影响，全国农村土地承包经营权流转开始呈现流转速度加快的发展趋势，流转规模也相应扩大。2001 年上半年的调查统计显示，全国农村土地承包经营权流转面积达到 453.3 万多公顷，占承包地面积的 5% 左右，与 2000 年底的调查统计结果相比增加了 4 个百分点；2002 年上半年，全国农村土地承包经营权流转面积达 466.67 万公顷，占农户承包地面积的 6.7% 左右，比 2001 年上半年调查统计结果增加 1.33 个百分点；① 2003 年农业部的抽样调查结果显示，全国土地流转面积占总耕地面积的 9.1%；2006 年全国土地流转面积为 5551.2 万亩，占家庭承包耕地总面积的 4.57%；2007 年底，全国农地流转总面积达到 6372 万亩，占家庭承包耕地总面积的 5.2%，比 2006 年增长了 14.8%。

2007 年底，党的十七大报告和 2008 年中央一号文件中相继提出"健全土地承包经营权流转市场"和"加强土地承包合同管理部门的

---

① 汤鹏主：《土地承包经营权流转与政府角色界定》，《改革》2009 年第 11 期。

土地流转中介服务"，从制度上完善并加强了土地流转的规范性和对
农民土地流转权益的保护。在政策引导和制度激励的作用下，农民进
行土地承包经营权流转的积极性和主动性也大大提高。我国农村土地
承包经营权流转开始进入加速发展阶段，农村承包地流转面积及比例
也呈现阶梯式稳步增长（见图3-1、图3-2）。

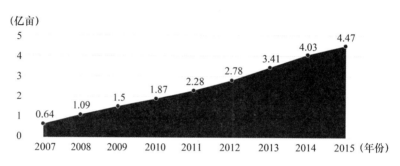

图3-1　2007—2015年土地流转面积

资料来源：土流网，http://www.tuliu.com/data/nationalProgress.html。

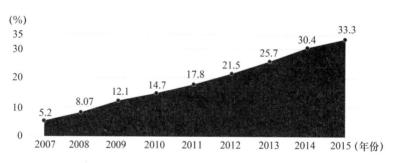

图3-2　2007—2015年土地流转面积占家庭承包地面积比例

资料来源：土流网，http://www.tuliu.com/data/nationalProgress.html。

虽然农村土地流转规模与流转速度不断扩大，流转范围也不断拓
宽，但总体上看，农村承包地仍然以农户之间的流转为主。流入农业
龙头企业、农业合作经济组织和其他经营主体的农村承包地面积依然
占少数（见图3-3），并不能适应现代农业规模经营和产业化发展的
要求。而且，受农村土地承包期限和其他因素的影响，农村土地承包

经营权流转期限普遍比较短。因此，从总体上看，我国农村土地承包经营权流转规模和流转速度虽然增速较快，但其总体流转水平依然比较低。

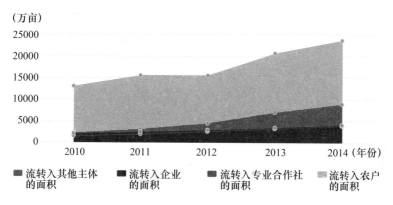

图3－3　2010—2014年土地流转面积占家庭承包地面积比例

资料来源：土流网，http：//www. tuliu. com/data/nationalProgress. html。

（四）农村土地承包经营权流转的主要制度障碍

1. 产权制度障碍

与人民公社时期的土地经营制度相比，现行家庭联产承包责任制"通过赋予农民一定程度和一定范围的土地承包经营权，通过变集体所有、集中经营的单一产权结构为集体所有、家庭经营的较为复杂的产权机构，产生了极大的制度绩效"[1]。但是随着市场经济的发展和城镇化水平的提高，农民与市场对农村土地承包经营权流转的需求越来越高，家庭联产承包责任制下的农地产权残缺与不完全性成为影响农村土地承包经营权流转的重要因素。

（1）农地产权的不完全性影响农地经营收益。Li、姚洋与何凌云等人的实证研究表明，"土地产权状况对土地投入有重大的影响作用，

---

[1]　钱忠好：《农村土地承包经营权产权残缺与市场流转困境：理论与政策分析》，《管理世界》2002年第6期。

因此农地承包经营权是否完全对激发农户的土地投资欲望、提高土地边际产出率至关重要。"① 首先，在现行家庭联产承包责任制下，农民的土地承包经营权是通过与农村集体签订承包合同而取得的，农民对土地的处分权受承包合同和相关土地制度的约束与限制。其次，随着农村人口的变化，为保护农村集体中每一个村民合法承包土地的权利，农民承包的土地还需要进行周期性调整。农民无法对自己承包的土地进行排他性的长期稳定的占有，也就无法进行稳定预期的积极投资。最后，现行家庭联产承包责任制是基于农民的集体成员身份来确定农民的承包经营权，农民并不具有选择集体的权利，脱离集体就意味着失去土地承包经营的权利。因此，农民对其所在农村集体有土地依附关系，这使农民很难对抗基层政府和乡村干部对其土地承包经营权的强势侵害。由此可见，在现行家庭联产承包责任制下，农民对其承包的土地没有真正的处分权，缺乏排他性，也不具有安全性。这种产权的不完全性既不利于农民对土地的积极投资，也不利于农民土地承包经营权市场流转的进行。

（2）农地产权的不完全性影响农地流转价格。在现行农地制度安排下，农地产权的不完全性导致农村土地承包经营权流转受到多种因素的限制，使农村土地承包经营权流转价格不能反映农地资源的稀缺程度和市场的需求程度。我国现行法律规定农户进行土地承包经营权流转要经过集体同意，流转给本集体经济组织之外的单位或个人经营的情况下，还需要经过村民会议讨论，2/3 以上的村民同意，并且报乡镇人民政府批准才可以。这无疑增加了土地承包经营权向农村集体经济组织外流转的交易难度，使土地承包经营权流转的范围受限，流转缺乏竞争，导致农地流转价格维持在一个比较低的水平上，不能体现其市场价值，不利于激励农民积极进行土地流转，也不利于土地流

---

① 钱忠好：《农村土地承包经营权产权残缺与市场流转困境：理论与政策分析》，《管理世界》2002 年第 6 期。

转市场的健康发展。

（3）农地产权的不完全性影响土地交易成本。"交易成本是指运用价格机制的成本，包括搜寻交易对象的成本、谈判成本、合同签订成本、履约成本等，即信息成本和合约成本。"① 交易成本的高低对农村土地承包经营权流转起着重要的影响作用。首先，在现行农地制度下，政策法规对农村土地经营权流转的限制阻碍了农地资源的有效调配，也造成农民对土地承包权转让的错误认识。很大一部分农民不知道自己拥有承包土地的转让权和继承权，导致农村土地承包经营权交易市场因为土地供给不足而增加启动成本。其次，土地流转的行政性调整特性为基层政府和乡村干部提供了谋取好处的便利，使其借助行政权力掌握了较大的土地处置权。面对基层政府和乡村干部在土地处置中的强势地位，处于弱势的农民对土地承包经营权进行市场交易的游说成本必然会上升。再次，现行法律关于土地承包经营权流转要经过集体同意的规定，以及土地承包经营权向集体经济组织之外的人和单位流转要经过村民大会2/3以上村民同意并报乡镇人民政府批准的规定，客观上也增加了农民进行土地流转的交易成本。加上农地交易市场的不健全和交易信息的不完全，农民寻找土地承包经营权流转交易对象的难度就更大了，尤其是从农民生活区域之外搜寻土地流转对象会产生更多的交易成本。最后，农地产权的不完全性增加了土地流转交易对象和交易内容的不确定性。交易双方为了确保权益，降低交易风险，需要进行反复谈判与磋商，谈判成本也因此而提高。此外，细碎化的土地承包面积使需要增加土地经营面积的农户必须跟众多的农户打交道才能实现土地的经营规模需求，谈判标的的细碎化和谈判对象数量的增多也增加了谈判的成本。在交易成本提高的情况下，如果流转不能为农民带来达到其心理预期的流转收益，农民就会缺乏流

---

① 钱忠好：《农村土地承包经营权产权残缺与市场流转困境：理论与政策分析》，《管理世界》2002年第6期。

转的积极性，进而影响农村土地承包经营权市场流转的实现。

2. 户籍制度障碍

我国的户籍制度是以户口登记与管理为基础而建立起来的一套社会管理制度，包括常规人口登记和上报制度、居民户口或身份登记及管理制度，以及与户口相关的就业、教育、保障和迁徙等方面。① 户籍制度的建立及其调整与国家发展与建设的实际需要紧密相关。建国之后，国家"一五"计划确定的重工业优先发展的工业化发展道路对农业剩余资本的需求和对就业人口低集聚性的要求，催化了我国城乡二元户籍管理制度的产生。1958 年《中华人民共和国户口管理条例》的颁布，正式标志着中国城乡有别的二元户籍制度形成。② 国家通过对户籍管理制度的设计在城市与农村采取了两套独立的登记管理体系，对城市人口和农村人口进行区别化管理。这种二元户籍管理模式与我国二元土地制度相结合，将农村户口与农民的土地权益捆绑在一起，使农民土地权益依附于农村户籍，限制了农民对土地的处分权利，增加了农民的流动成本，增强了农民对土地的依附，不仅使农民从农村到城市的流动受限，也使农民在农村与农村之间的流动受限。在城镇化快速发展的过程中，现行二元户籍制度因其对城乡人口身份差异的确定以及基于身份差异的城乡差别化的就业制度、社会保障制度等也成为土地承包经营权流转的主要制度障碍。

（1）户籍制度限制土地承包经营权的取得

户籍制度对居民农村集体经济组织成员身份的确定决定了居民是否有资格取得土地承包经营权，户籍制度与土地承包经营权之间的关系就是以此体现的。根据我国现行《农村土地承包法》的规定，只有

---

① 陆益龙：《超越户口——解读中国户籍制度》，中国社会科学出版社 2004 年版，第 1 页。

② 刘力：《建国以来户籍与农村土地制度安排的逻辑线索》，《现代经济探讨》2012 年第 3 期。

农村集体经济组织的成员才有资格承包其所在农村集体的土地。没有农村集体经济组织成员资格的人，只能通过招标、拍卖、公开协商等方式进行土地承包。与土地所在集体经济组织的成员相比，农村集体经济组织之外的人取得土地承包经营权的限制更多。在集体经济组织成员有承包意愿的情况下，集体经济组织成员享有优先承包权。集体经济组织以外的人和单位在没有集体经济组织成员愿意承包的情况下，还需要经过集体经济组织召开村民会议，经2/3以上的成员同意并报乡镇人民政府批准后，才能取得土地承包权。由此可见，由户籍制度决定的居民的农村集体经济组织成员的经济身份决定了其是否具有作为承包方的资格，对不具有承包资格的非集体经济组织成员来说，要取得土地承包经营权，就要受到较为严格的限制。

（2）户籍制度阻碍农民向城市转移就业

城镇化的快速发展推动了大量农民涌入城市进行非农就业，但户籍制度造成的城乡人口的社会身份差异，导致城市中的许多岗位，尤其是一些收入高、待遇好的岗位，都将没有城市户口的农村人口拒之门外。进城务工的农民在进行自由职业选择时，往往因户籍身份差异而受限，很难找到收入稳定的工作。即便是能够在城市中找到稳定职业并在城市定居的农民，虽然工作生活在城市，但其社会身份仍然是农村居民，基于户籍制度的教育、养老等社会保障制度的城乡差异，他们仍然无法享受到与城市居民同样的教育权利和养老保障待遇。就业、教育、养老保障等制度的差异，阻碍了农民向城市进行转移就业，并因此间接阻碍了农村土地承包经营权的流转。

（3）户籍制度制约进城农民社会保障福利的实现

作为最基本的生产要素，土地承载着农民的生存保障和投资两大功能。在现行户籍制度下，农民可以摆脱土地束缚选择进城务工，但户籍身份的限制却让农民不能享有与城市居民平等的生活、就业、养老等社会保障福利，无法成为城市真正的主人。在城市社会保障并不惠及农民工的情况下，农民一旦失业或者没有能力继续在城市就业，就将面临没有任何保障的局面。因此，土地对于农民来说是他们在面临失业或者失去就业能力的情况下最可靠的生存保障基础。大部分农民宁可让土地撂荒也不转让，以避免失业又失地的恶劣局面导致的生存困境。农民对土地的心理依附导致土地承包经营权流转供给受限，制约了土地承包经营权的流转。

二 农村集体建设用地使用权流转的实践探索与法律规制

（一）农村集体建设用地及其使用权流转的可行性

"农村集体建设用地"这一概念来自中华人民共和国成立初期社会主义改造之后逐步建立的农村土地集体所有制。自 1952 年党中央提出过渡时期总路线之后，社会主义改造开始面向农业、手工业和资本主义工商业全面展开。其中，农业的社会主义改造呈现出阶段性的特点，先后经历了发展农业生产互助组、发展初级农业生产合作社和发展高级农业生产合作社 3 个阶段。在 1955 年末农业合作化高潮的推动下，我国较快地完成了对农业的社会主义改造。农村土地基本上由具有私有制特征的农民土地所有制转变为农业生产合作社所有制，即劳动群众集体所有制。1982 年宪法第十条第一次明确规定了"城市的土地属于国家所有。农村和城市郊区的土地，除由法律规定属于国家所有的以外，属于集体所有；宅基地和自留地、自留山，也属于集体所有。"[①] 农村集体所有的土地，根据其用途可以分为农业用地、建设用地和未利用地。其中，集体建设用地是农民从事第二、第三产业生产及其居住生活的空间承载，包括农村宅基地、农村公共服务及基础设施用地、村办及乡镇企业用地、商业服务业用地、工业园区及仓储用地等。[②]

---

① 中华人民共和国第五届全国人民代表大会第五次会议通过：《中华人民共和国宪法》，人民出版社 1982 年版。

② 刘双良、孙钰、马安胜：《论农村集体建设用地流转与农民权益保护》，《甘肃社会科学》2009 年第 4 期。

农村集体建设用地使用权流转是现行法律规定下实现农村集体建设用地土地资产价值的主要方式。我国《土地管理法》中明确规定"任何单位和个人不得侵占、买卖或者以其他形式非法转让土地。土地使用权可以依法转让","任何单位和个人进行建设,需要使用土地的,必须依法使用国有土地","依法申请使用的国有土地包括国家所有的土地和国家征用的原属于农民集体所有的土地","国家实行土地用途管制制度。使用土地的单位和个人必须严格按照土地利用总体规划确定的用途使用土地"。[①] 从上述规定中可以看出,国家禁止土地买卖,不允许土地所有权随意变更,但允许土地使用权依法进行转让。单位或者个人需要使用农村集体建设用地进行非农建设的,必须被国家征用为国家所有的土地之后,才可以申请使用;单位或个人需要使用农村集体建设用地但不改变其使用用途的,可以通过使用权流转的方式获得其土地使用权。按照建设用地的性质和用途,可以把建设用地分为公益性用地和非公益性用地。公益性用地主要是乡村公共设施、公益设施等建设所占用的土地,非公益性用地主要包括乡镇企业用地和农村宅基地等。

（二）农村集体建设用地使用权流转制度的实践探索

1962 年 9 月 2 日党的八届十中全会通过"农业六十条"确立了"三级所有,队为基础"的土地制度,并在第二十一条明确规定了生产队所有和社员自留的土地宅基地等一律不准出租和买卖。这一时期农村集体建设用地流转基本处于全面禁止的局面,土地资源主要通过国家行政命令和计划指令等行政手段进行调配,农民和农民集体完全丧失了对集体建设用地的处分权和收益权。

20 世纪 80 年代初,我国开始在农村实行家庭联产承包责任制,新一轮的土地制度改革虽然并没有改变原有的农村土地集体所有制,

---

① 《中华人民共和国土地管理法》,中国法制出版社 2010 年版。

但逐渐开始放宽对土地使用权的管控。1985 年，中共中央、国务院发布的《关于进一步活跃农村经济的十项政策》取消了对农民下达的农产品统购派购任务，不再向农民下达指令性生产计划，并且允许农村地区性合作经济组织根据规划建成店房及服务设施进行自主经营或者出租；1988 年的《宪法修正案》和《土地管理法》分别增加了"土地的使用权可以依法转让"的条款。这些政策和法律条文是集体建设用地流转的合法依据。农村集体建设用地使用权流转开始从禁止向有限放开发展。

20 世纪 90 年代中期以后，农村集体建设用地流转数量和规模逐渐扩大，无序流转、自发流转的现象相当普遍，这种情况逐渐受到政府重视，中央和地方开始加强对农村集体建设用地的规范管理。2004 年 10 月，为了严格土地管理规范，促进土地市场治理整顿成效，国家发布了《关于深化改革　严格土地管理的决定》，允许农村建设用地使用权可以依法流转，为农村集体建设用地使用权规范流转提供了政策依据。但在法律层面上，并没有得到《宪法》和《土地管理法》等基本法律的完全认可，依然受到法律严格限制，导致农民不能充分享有集体建设用地土地权益。

当前，城镇化发展对农村集体建设用地流转制度提出了新的要求，规范农村集体建设用地流转管理，赋予农民更加充分的土地权益，是我国农村集体建设用地流转发展的必然方向。

（三）农村集体建设用地使用权流转的法律政策分析

1988 年修订的《宪法》首次提出"土地使用权可以依照法律的规定转让"以来，国家虽然没有建立起规范的集体建设用地使用权流转体系，但也对相关法律和政策（见表 3 - 3）进行了调整，从政策上和法律上不断放开对农村集体建设用地使用权流转的限制与控制。

表 3 - 3 中共中央、国务院关于农村集体
建设用地使用权流转的文件及法律

时间	文件名称	集体建设用地使用权流转的相关内容
1988 年 4 月 12 日	《中华人民共和国宪法修正案》	土地的使用权可以依照法律的规定转让
1988 年 12 月 29 日	《中华人民共和国土地管理法》	国有土地和集体所有的土地的使用权可以依法转让
1994 年 7 月 5 日	《中华人民共和国城市房地产管理法》	城市规划区内集体所有的土地经依法征收转为国有土地后，可有偿出让其使用权
2003 年 1 月 16 日	《中共中央国务院关于做好农业和农村工作的意见》	鼓励乡镇企业向小城镇集中的政策，通过集体建设用地流转、土地置换、分期缴纳土地出让金等形式，合理解决企业进镇的用地问题
2004 年 12 月 21 日	《国务院关于深化改革严格土地管理的决定》	在符合规划的前提下，村庄、集镇、建制镇中的农民集体所有建设用地使用权可以依法流转。对有稳定收益的项目，农民可以经依法批准的建设用地土地使用权入股
2006 年	《关于坚持依法依规管理节约集约用地支持社会主义新农村建设的通知》	稳步推进集体非农建设用地使用权流转试点
2007 年 3 月 16 日	《中华人民共和国物权法》	建设用地使用权人有权将建设用地使用权转让、互换、出资、赠与或者抵押，并应向登记机构申请变更登记。债务人或第三人对有权处分的建设用地使用权可以进行抵押。以建设用地使用权抵押的，该土地上的建筑物一并抵押。乡镇、村企业的建设用地使用权不得单独抵押。以乡镇、村企业的厂房等建筑物抵押的，其占用范围内的建设用地使用权一并抵押

续表

时间	文件名称	集体建设用地使用权流转的相关内容
2007 年 12 月 23 日	2008 年中央一号文件：《中共中央、国务院关于切实加强农业基础建设进一步促进农业发展农民增收的若干意见》	严格农村集体建设用地管理，严禁通过"以租代征"等方式提供建设用地城镇。居民不得到农村购买宅基地、农民住宅或"小产权房"
2007 年 12 月 30 日	《国务院办公厅关于严格执行有关农村集体建设用地法律和政策的通知》	严格控制农民集体所有建设用地使用权流转范围。农民集体所有的土地使用权不得出让、转让或者出租用于非农业建设。符合土地利用总体规划并依法取得建设用地的企业发生破产、兼并等情形时，所涉及的农民集体所有建设用地使用权方可依法转移。农民集体所有建设用地使用权流转，不得用于商品住宅开发
2008 年 10 月 12 日	《中共中央关于推进农村改革发展若干重大问题的决定》	逐步建立城乡统一的建设用地市场，对依法取得的农村集体经营性建设用地，必须通过统一有形的土地市场、以公开规范的方式转让土地使用权，在符合规划的前提下与国有土地享有平等权益
2009 年 12 月 31 日	2010 年中央一号文件：《中共中央、国务院关于加大统筹城乡发展力度进一步夯实农业农村发展基础的若干意见》	有序推进农村土地管理制度改革。加快农村集体土地所有权、宅基地使用权、集体建设用地使用权等确权登记颁证工作
2012 年 2 月	2012 年中央一号文件：《中共中央、国务院关于加快推进农业科技创新持续增强农产品供给保障能力的若干意见》	推进包括农户宅基地在内的农村集体建设用地使用权确权登记颁证工作
2012 年 12 月	2013 年中央一号文件：《关于加快发展现代农业进一步增强农村发展活力的若干意见》	加快包括农村宅基地在内的农村集体土地所有权和建设用地使用权地籍调查，尽快完成确权登记颁证工作
2014 年 1 月	2014 年中央一号文件：《关于全面深化农村改革加快推进农业现代化的若干意见》	加快包括农村宅基地在内的农村地籍调查和农村集体建设用地使用权确权登记颁证工作

续表

时间	文件名称	集体建设用地使用权流转的相关内容
2015 年 12 月	2016 年中央一号文件:《中共中央国务院关于落实发展新理念加快农业现代化实现全面小康目标的若干意见》	加快推进房地一体的农村集体建设用地和宅基地使用权确权登记颁证
2017 年 2 月 5 日	2017 年中央一号文件:《中共中央、国务院关于深入推进农业供给侧结构性改革加快培育农业农村发展新动能的若干意见》	全面加快"房地一体"的农村宅基地和集体建设用地确权登记颁证工作。在控制农村建设用地总量、不占用永久基本农田前提下,加大盘活农村存量建设用地力度

从国家发布的有关集体建设用地使用权的相关政策和法律规定来看,我国对农村集体建设用地及其使用权流转的管理,不管是从政策上还是从立法控制上,都正在逐渐放开。从禁止流转到限制流转,再由限制流转到鼓励流转,从缺乏指导、流转无序混乱,到管理引导、走向规范流转,农村集体建设用地使用权流转逐渐向规范、有序、自由的流转方向发展。

(四)农村集体建设用地使用权流转的制约因素分析

1. 农村土地产权制度制约

农村集体建设用地使用权流转是农民的一项重要土地权利。由于现行土地产权制度存在的缺陷,导致我国农村集体建设用地使用权流转产生了一系列问题,加剧了农村集体建设用地使用权的无序流转。

(1)土地所有权主体模糊,限制农村集体建设用地有效流转

钱忠好认为,产权界定不清会导致农地资源开发利用过程中的机会主义行为泛滥,进而导致农地利用和配置的低效率。[1] 目前,农村

---

① 钱忠好:《中国农村土地承包经营权的产权残缺与重建研究》,《江苏社会科学》2002 年第 2 期。

集体建设用地流转无序、低效等问题产生的主要原因就在于对集体建设用地所有权主体的界定不清晰。现有法律中都对农村土地的所有权归属有明确规定，但对所有权主体的界定存在很大的模糊性。我国法律规定农村土地归农民集体所有，但"农民集体"这一概念是一个笼统的概念，"农民集体"的组织形式、组织机构都没有在法律中予以明确，土地所有权则是由具体的农村组织机构代表其行使的。根据《土地管理法》第十条规定："农民集体所有的土地依法属于村农民集体所有的，由村集体经济组织或者村民委员会经营、管理；已经分别属于村内两个以上农村集体经济组织的农民集体所有的，由村内各该农村集体经济组织或者村民小组经营、管理；已经属于乡（镇）农民集体所有的，由乡（镇）农村集体经济组织经营、管理。"① 从法律规定上来看，农村集体土地的所有权是由村（乡、镇）集体经济组织、村民委员会和村民小组这三类组织来行使的。但从组织性质上来看，这三类组织实际上都不具备作为集体土地所有权主体的资格。首先，有些乡镇在人民公社制度解体之后就不存在集体经济组织了。乡镇一级政府虽然有时候代为行使集体土地的所有权，但从组织性质上讲，乡镇政府是国家行政机关，不是经济组织，因此并不是合法的农村集体土地的所有权主体。其次，村民委员会从其组织性质上来讲，只是由行政村的村民选举产生的基层群众性自治组织，也不是集体经济组织，因此也不具备作为农村集体土地所有权主体的资格。最后，村民小组是由几户或者几十户农户组成的农村最基层的编组，是村民委员会下设的小组。从其组织性质上来看，村民小组既不是经济组织，也不是行政组织，没有办公地点，没有独立的法律地位，因此，也不能作为农村集体土地所有权主体。这种集体土地产权主体模糊的情况在集体建设用地流转中势必会导致权力寻租、分配不公、责权不清等情况，使集体建设用地流转陷入混乱的无序状态。

---

① 《中华人民共和国土地管理法》，中国法制出版社 2010 年版。

（2）同地同权同价困境，阻碍农村集体建设用地市场化流转

"同地同权同价原则是指无论对于国有建设用地或是集体建设用地，在进入市场流转过程中，享有平等的土地权能带来的同等权利和机会，享有相同区位或质量带来的同等补偿价和入市价。"[①] 实现"同地同权同价"对于建立以市场价格机制为主导的城乡统一的建设用地市场具有重要作用。但长期以来，我国城乡二元土地产权制度使我国农村土地与城市土地一直处于不同的法律规则下，农村土地与城市土地相比，不管是法律上还是事实上，都存在着集体建设使用权权能与国有建设用地使用权权能的不对等。国家实行土地用途管制，农村集体建设用地的非农转用，都须经国家征为国有土地之后才可以依法申请使用。国家垄断城镇土地一级市场不仅限制了农村集体建设用地使用权权能，造成了农村集体建设用地在土地流转市场上不能享有与国有建设用地同等的补偿价格与市场流转价格，农民也无法拿到体现市场价值的集体建设用地征用补偿收益。农村集体建设用地与国有建设用地在实现"同地同权同价"上的困境，成为阻碍农村土地资源配置流转的重要障碍。

2. 法律制度制约

法律的规范与健全是确保农村集体建设用地规范流转和确保农民集体建设用地流转权益合法实现的基础。我国关于农村集体建设用地流转法律法规建设方面的滞后与缺失，导致了农村集体建设用地使用权在流转过程中产生了一系列问题和纠纷，加剧了流转失范，使农民权益无法得到有效保障，制约农村集体建设用地的积极流转。

（1）法律赋予集体建设用地所有权低于国家所有权的地位，制约了集体建设用地使用权的规范流转。马克思主义政治经济学认为，集体所有制是一种低于全民所有制的所有制形式，集体所有制的存在只

---

① 郭瑞雪、付梅臣：《关于集体建设用地"同地同权同价"问题辨析》，《中国人口·资源与环境》2014 年第 S2 期。

是作为一种向全民所有制过渡的公有制形式。① 马克思主义关于所有制形式的思想体现在我国关于所有权的法律上，表现为国家所有权的地位高于集体所有权，国家所有权拥有对集体所有权的最终所有权和决定权。如我国《宪法》和《土地管理法》中都明确规定"国家为了公共利益的需要，可以依照法律规定对土地实行征收或者征用并给予补偿"，《土地管理法》中还规定"任何单位和个人进行建设，需要使用土地的，必须依法申请使用国有土地"，"依法申请使用的国有土地包括国家所有的土地和国家征收的原属于农民集体所有的土地"②，这些法律规定表明，如果单位或个人需要申请使用的建设用地属于农村集体建设用地，就须国家通过征收手段改变土地的农村集体所有权属性，将其转变为国家所有，才可以依法申请使用。国家所有权相比于集体所有权的优势地位，无疑是给集体建设用地流转设置了障碍，不仅制约了农村集体建设用地的规范流转，更为农村集体建设用地进行市场化流转设置了重重阻碍。

（2）全国性立法缺失，导致集体建设用地使用权流转处于无法可依的失范乱态。20 世纪 80 年代后期，国家为盘活土地资产开始逐渐放开对土地使用权的限制，允许土地使用权流转，相关的法律法规也随之进行了调整。如 1988 年的《宪法修正案》与同年修订的《土地管理法》从国家基本法与专门法的层面肯定了土地使用权流转的合法地位，但并没有出台具体的流转细则。1990 年，国务院针对国有土地使用权流转问题出台了《国有城镇土地使用权出让和转让暂行条例》，详细规定了国有土地使用权流转的具体操作规范，但对于农村集体建设用地使用权流转问题，并没有出台相应的规定和细则，导致农村集体建设用地使用权流转始终缺少可以遵循的具体办法，处于无法可依的状态。1998 年以后，国家在集体建设用地使用权流转试点地区相继

---

① 王祖强：《社会主义所有制理论创新与发展》，中国经济出版社 2005 年版，第 129 页。
② 《中华人民共和国土地管理法》，中国法制出版社 2010 年版。

颁布了许多地方性流转管理办法，但全国性的相关法律规范却没有建立起来。这些地方性法律法规立法层级较低，法律的约束性和权威性也相对较低，且各地颁布的管理办法也有差异。这种立法缺失的情况导致农村集体建设用地使用权流转管理乱象横生。

（五）农村集体建设用地使用权流转的典型试点——南海模式

1. 南海模式的启动背景

1990 年起，随着城镇化的启动，大量农民开始从农业生产转向非农业领域就业。1992 年，邓小平在南方谈话中，提出"要抓紧有利时机，加快改革开放步伐，力争国民经济更好地上一个新台阶"的要求，这为南方农村进行农业生产结构调整和改革提供了强有力的思想基础。同年，广东省逐步取消了粮食订购任务，使农民摆脱了完成订购粮任务的压力，为农民进行非农就业、农村进行农业结构和用地结构调整创造了政策空间。

此外，自党的十一届三中全会以来实行的家庭承包经营模式在解决了农民的基本吃饭问题后，随着工业化发展程度的加深也逐渐凸显出这种经营模式与土地制度的缺陷。尤其是家庭承包经营模式的经营规模小且分散的特点，严重制约了农民对土地的科技投入和土地的高效利用。同一时期，城镇化发展速度也逐渐加快，广东省南海市第二、第三产业发展迅速，农村建设用地需求增加，如何调整土地使用结构、缓解用地紧张问题成为当地政府和农民共同关注的问题。除用地紧张的问题外，集体企业产权归属模糊问题、集体企业经营亏损问题和集体建设用地出现的土地增值收益分配等问题也是南海市经济发展过程中亟须解决的问题。

在改革开放大环境和逐渐宽松的农业政策的影响下，1992 年 8月，南海市政府制定了《关于推行农村股份合作制的意见》，在南海市进行农村土地股份合作制改革。即：将集体财产及集体土地以行政村为单位折算为股份，组建股份合作组织，由股份合作组织直接出租土地，或者在土地上修建厂房后出租厂房，村里的农民以土地承包权入股，农民根据股权获得土地非农化的增值收益或级差收益，这种模式就是南海模式。

2. 南海模式的具体措施

为了发展农村经济，解决市场经济环境下出现的建设用地紧张、土地利用效率不高、集体利益分配矛盾等问题，南海市政府在南海农村开始推行农村股份合作制，具体措施如下。

（1）根据土地的质量等级等条件差异，分别以政府征地价格折价、以土地经营效益折价和按配股需要数量折价3种方式，给南海市全市农民配置股权并颁发股权证书，以股权份额的价值形态承认农民的土地承包权及其作为集体成员的集体土地所有权。

（2）重组农村土地资源，实行"三区"规划，将农村土地分为农田保护区、经济开发区和商业住宅区。

（3）引入市场机制实行耕地竞包，打破以人均承包为主的分包经营格局，实行规模化投保经营模式，将土地集中到有农业技术专长的农业经营大户手中，推进农村剩余劳动力向第二、第三产业转移。

（4）将股权分为保障农民基本生活的基本股权、体现农民土地承包权及承包收益的土地承包股权和体现农民对集体的贡献差异的劳动贡献股权3个部分，打破平均分配集体利益的分配方式，以股权配比的方式实现对农民基本生活保障、土地承包权益和个人价值的多重体现。

（5）成立股份合作组织，建立股东代表大会、董事会等制度，推选品质及能力优秀的村民担任股份合作组织领导班子成员，优化农村集体经济组织运作机制及管理水平。

3. 南海模式的特点

南海市推行的农民股份合作制从非农用地获取方式、土地收益、农村集体经营重心、农民集体成员权转化等方面分析，体现出如下特点。

（1）降低了企业获取非农用地门槛，为工业化的推进提供了便利条件。南海模式启动之前，南海的企业获取农村建设用地的方式只能通过国家征地这一唯一的程序。南海模式启动后，除国家征地途径外，还可以通过从农村集体组织手中租用土地来获得。相比于国家征地程序的复杂与烦琐，租用集体土地实际上是一种保持集体建设用地所有权不变的集体建设用地使用权流转模式。这种模式下，土地获取的程序更为简单，租用土地的投入成本也更低，"正是这种灵活的土地使用方式，促使大量企业在南海落户、生根，形成了我国珠江三角洲地区著名的工业带"。①

（2）土地级差收益与增值收益保留在集体内部，有利于防止农民土地收益流失。由于集体是以出租的形式把土地交给企业或者其他用地机构使用，在土地出租过程中，转变的只是土地的经营使用权，并没有改变土地的集体所有权性质，所以建立在土地所有权之上的土地级差收益和增值收益依然是保留在集体内部的，这意味着农民作为集体成员所享有的土地级差收益和增值收益是受到集体保护的。

（3）将集体经济组织经营重心放在土地与厂房出租上，以实现对集体土地的保值增值。南海市的农村集体经济组织在南海模式启动前，也曾尝试过兴办集体企业，但并没有取得较好的效果，而且还存在亏损集体资产的风险。因此在南海模式启动后，南海市绝大多数集体经济组织都不再直接经营风险较大的企业，而是开始把经营重心放在集体建设用地的经营开发上。通过出租土地或者出租在集体土地上兴建的厂房，获取租金收入，通过市场规律调整租金额度，实现对集体土地的保值增值。

（4）变农民集体成员权为永久分红股权。农民对集体建设用地的权利来自其集体成员权。南海模式下农民将自己的集体成员权转变为集体建设用地使用权流转收益的股份分红权，这样既体现了农

---

① 蒋省三、刘守英：《让农民以土地权利参与工业化——解读南海模式》，《政策》2003年第7期。

民集体成员权的保留，也满足了农民对集体建设用地收益分配的需求。

4. 南海模式的启示

南海模式是一种以集体建设用地使用权入股的模式，以股权代替集体成员权的做法，赋予了土地更多灵活经营的机会，由土地的规模化经营模式替代了土地的零散经营模式，在集体建设用地利益分配上，也体现了对农民集体成员权、劳动贡献差异和农民对集体收益所享有的平等收益权，对其他地方具有重要的借鉴价值。南海模式取得了一定的成效，也暴露出了一些问题。比如对于农民持有的股权不允许转让、抵押和继承的做法对农民资产市场化的实现还是具有很大的限制作用，不利于农村集体经济组织的市场化发展。因此，南海模式依然存在进一步完善和调整的空间。

三　征地制度及其探索与调整

（一）土地征收及其特征分析

1. 征收与征用的区别分析

征收与征用是国家为了公共目的或公共利益凭借其行政权力强制性对公民的合法财产实行收购或者使用的法律形式。在我国现行立法中，征收与征用界限极为模糊，往往被混为一谈。区分征收与征用这两个概念的不同，对于我们正确理解征地制度中的"土地征收"与"土地征用"是有必要的。

征收与征用的区别主要体现在以下 3 个方面。

（1）征收与征用存在本质上的不同。"征收实质是强制收买"，①以补偿为代价取得某种所有权或使用权；征用的实质是强行使用，使用后要予以归还或予以赔偿，不以取得某种权利为目的。

（2）征收与征用的对象不同。"征收的对象限于不动产，主要是

---

① 梁慧星：《谈宪法修正案对征收和征用的规定》，《浙江学刊》2004 年第 4 期。

土地所有权和土地使用权"。^① 征用的对象没有限制，可以是不动产，也可以是动产。

（3）征收与征用行使的法定条件不同。征收是在和平环境下严格履行法律规定的权限、程序和手续来审查并确定是否可以实施征收；征用则是紧急状态下的特别措施，^② 即只要满足紧急状态这一法定条件，就可以实行征用。

征收与征用的区别决定了"土地征收"与"土地征用"是两个相互区别的概念，不能混为一谈，模糊使用。许多研究中将土地征用与土地征收混淆使用的情况是不严谨的。当前我国征地问题主要集中在城镇化过程中的农地非农化，即国家通过法律规定的征地程序强制获取农村土地所有权和使用权，并给予被征地农民相应的补偿。因此，本文主要针对"土地征收"制度及其问题进行研究。

2. 土地征收特征分析

土地征收是政府为了实现公共目的或公共利益依法行使国家征收权强制取得他人土地所有权并给予补偿的行为。土地征收一般具有4个特征。

（1）征收须以公共目的或者公共利益为目的。以公共目的或者公共利益作为土地征收的限定条件是目前世界各国为了避免国家征收权滥用而采取的普遍做法。国家土地征收权的行使是基于"当个人利益与社会利益发生冲突时，社会公共利益必须优先考虑"^③ 的思想，因此，土地征收的公共性是其合法与否的判定依据，"只有符合公共目的时才能为法律和社会接受"。^④

（2）土地征收权的强制性。"征用权是最高统治者在没有所有者

① 梁慧星：《谈宪法修正案对征收和征用的规定》，《浙江学刊》2004 年第 4 期。
② 梁慧星：《谈宪法修正案对征收和征用的规定》，《浙江学刊》2004 年第 4 期。
③ 陈江龙、曲福田：《土地征用的理论分析及我国征地制度改革》，《江苏社会科学》2002 年第 2 期。
④ 汪晖：《城乡结合部的土地征用：征用权与征地补偿》，《中国农村经济》2002 年第 2 期。

同意的情况下将财产用于公共目的的权力，是政府与生俱来的权力"，① 这种公权力相对于被征用对象的个人权利而言具有优越性。政府通过行使公权力强制性征收土地的行为是其代表国家实现国家意志的行为。因此，土地征收是一种强制性的行政行为。

（3）被征收土地的所有权属性发生转移。土地征收的标的是土地的所有权。当政府出于公共目的或者公共利益的需要对土地进行征收时，就意味着土地的所有权发生了变动，从原有所有者手中转到国家手中，所有权属性转变为国家所有。

（4）征收必须予以公正补偿。"国家征收土地，意味着被征地人要丧失土地所有权，但并不意味着土地所有权的丧失是无偿的"，② 土地征收的前提必须是出于公共目的或者公共利益，意味着个人利益因社会公共利益的需要不得已而遭受损失。这种因公益而产生的损失不应该由社会个别成员负担，而应当由社会的每一位公民共同负担。因此，应该由国家财政以"'合理的市场价值'或者'买者乐意支付、卖者乐意接受的价格'"③ 给予被征收人"公正补偿"，"使个别人承担公益损失转化为全社会成员公平负担的公益损失"。④

（二）征地制度的实践探索与改革调整

1. 中华人民共和国成立初期征地制度基本框架的形成

中华人民共和国成立之初，我国的征地制度在当时土地改革和社会主义建设的基础上初步发展起来，逐渐形成我国征地制度的基本制度框架。1950 年 6 月 23 日中央人民政府政务院发布的《铁路留用土地办法》是中华人民共和国最早关于征地制度的法律规定。1950 年《土地改革法》第二章专门对土地的没收与征收问题进行了规定，其

---

① 钱忠好：《土地征用：均衡与非均衡——对现行中国土地征用制度的经济分析》，《管理世界》2004 年第 12 期。
② 唐烈英、唐立文：《中美两国土地征收补偿比较与借鉴》，《中州学刊》2014 年第 9 期。
③ 刘书楷：《国外与台湾地区土地使用管制和农地保护的经验》，《中国土地科学》1998 年第 6 期。
④ 唐烈英、唐立文：《中美两国土地征收补偿比较与借鉴》，《中州学刊》2014 年第 9 期。

中明确了土地征收的范围，但并没有对土地征收的补偿问题进行规定。1950 年的《土地改革法》主要适用于一般农村，对城市郊区的土地改革并不适用。1950 年 11 月，政务院专门发布了《城市郊区土地改革条例》，第十四条规定"国家为市政建设及其他需要征用私人所有的农业土地时，须给以适当代价，或以相当之国有土地调换之。对于耕种该土地的农民亦应给以适当的安置，并对其在该土地上的生产投资及其他损失，予以公平合理的补偿"。这一规定首次提出了征收土地应予以公平合理的补偿和被征地农民的安置问题。1953 年 12 月，政务院发布了中华人民共和国成立以来第一部较为完整的征地制度规章《国家建设征用土地的办法》。这一办法对国家建设用地的征地原则、征地范围、征地程序、征地补偿安置和各级政府的审批权限做了较为详细明确的规定，奠定了中华人民共和国成立以来我国征地制度的基本框架，成为之后我国征地制度调整的基础。1954 年通过的《中华人民共和国宪法》中第十三条规定"国家为了公共利益的需要，可以依照法律规定的条件，对城乡土地和其他生产资料实行征购、征用或者收归国有"，以国家根本大法的形式对征地制度进行了规定。

2. 改革开放之前征地制度的调整与停滞

土地改革基本完成后，在农业合作化运动的推动下，农村土地由农民土地私有制转变为集体土地所有制。为了适应农村土地所有制发生的这一根本变化，国家对土地征收制度进行了新的调整。1957 年 10 月，国务院对 1953 年出台的《国家建设征用土地办法》进行了修正，并于 1958 年公布实施。新修正的《国家建设征用土地办法》与之前的征地办法相比，突出了以下变化：（1）强调节约用地原则。以制度约束的方式克服多征少用、早征迟用或征而不用等浪费土地现象；（2）征地范围发生了变化。旧办法主要是针对农民土地私有制下农民个人所有的土地进行征收，新办法中的征地范围主要是农村生产合作社所有的集体土地，也包括少数保留私有土地的农民的个人土地；（3）补偿对象发生了变化。旧办法的征地补偿对象是个体农民，新办法的征地补偿对象主要是农业生产合作社；（4）补偿原则发生了变化。由旧办法依据的合理补偿原则变为新办法的根据需要补偿原则；（5）补偿标准发生了变化。旧办法是根据土地3—5年的产量总值计算补偿标准，新办法是根据土地2—4年的产量总值计算补偿标准，新的补偿标准低于旧的补偿标准；（6）重视被征地者的安置问题。强调先安置后征地，不能安置的另行征地。修正后的《国家建设征用土地办法》，成为我国改革开放之前的20多年中土地征收的主要法律依据，与当时宪法中关于土地征收的规定共同组成我国的征地制度。"文化大革命"期间，我国征地工作基本停滞，征地制度也没有新的调整和改革。

3. 改革开放初期征地制度发展的法制化

党的十一届三中全会召开以后，国家全面推行改革开放，国家经济开始全面复苏，建设用地需求增加，为适应国家"以经济建设为中心"的发展思路，征地制度得以完善和发展。1982年5月，国务院公布施行了《国家建设征用土地条例》，取代1958年公布的《国家建设征用土地办法》成为我国土地征收新的法律依据。新公布的《国家建设征用土地条例》与同时废止的《国家建设征用土地办法》相比，有以下几个特点：（1）将节约土地从征地的基本原则上升为国策；（2）开始强调国家征地权的强制性；（3）关于征地程序和审批权限的规定更为清晰明确；（4）关于征地补偿的规定更为细化，首次明确了征地补偿费包括土地补偿费、青苗补偿费、地上附着物补偿费和安置补助费，补偿标准也有所提高；（5）将全民所有制企业建设征地也纳入允许征地的范畴，承认了企业建设征地的合法性。1986年，全国人大常委会通过了《土地管理法》，在总结经验的基础上将《国家建设征用土地条例》中的可行规定纳入《土地管理法》，成为该法的重要组成部分。1987年1月1日《土地管理法》施行后，取代同时废止的《国家建设征用土地条例》成为我国土地征收的主要法律依据。

4. 市场经济时期征地制度的收紧

随着市场经济的发展、土地市场价格的提高和地方政府征地动机的增强，土地浪费的现象越来越严重。为规范土地合理利用、确保粮食安全，1998 年国家对《土地管理法》进行了修订。主要从 3 个方面进行了调整：（1）强调耕地保护，将合理利用土地和切实保护耕地确定为我国的基本国策，并实行了土地用途管制制度，对耕地实行特殊保护；（2）调整了征地审批制度，"将过去的分级限额审批制度变革为以土地用途管制为核心的农用地转用和征地审批制度"，① 收紧征地审批权限，下放存量土地供给审批权限；（3）调整了征地补偿标准，将补偿费用总和不得超过土地近 3 年年均产值的 20 倍调整为 30 倍；（4）细化了征地程序，明确规定了"两公告一登记"制度，从程序上保护农民征地权益。从《土地管理法》修订的内容上看，国家开始重视粮食安全问题。因此在此次修订中更为强调对土地资源尤其是耕地资源的保护，通过实行土地用途管制、严格征地审批等措施强化对耕地的特殊保护，以确保国家粮食安全。此外，农民的征地权益问题也逐渐受到国家重视，实现合理补偿、缓解征地引发的社会矛盾成为国家征地制度改革新的关注点。

5. 21 世纪以来征地制度的适应性调整

进入 21 世纪以后，征地制度中的补偿制度和征地程序实际操作中暴露出来的弊端日益突出，社会矛盾加剧，由此引发的上访和暴力冲突等矛盾激化事件越来越多。缓解社会矛盾，维持经济社会稳定发展需要以公平、公正、公开作为基本的价值取向对征地制度进行调整。2004 年《宪法修正案》在关于征地制度的第十条第三款中增加了给予补偿的内容，并对土地征收和土地征用进行了明确区分。同

---

①　柴涛修、刘向南、范黎：《新中国征地制度变迁评述与展望》，《中国土地科学》2008 年第 2 期。

年，国土资源部发布了《关于完善征地补偿安置制度的指导意见》，对征地补偿标准、被征地农民安置途径、征地程序和征地监管做了更为详细的规定，更加突出对农民权益的尊重与保护。2007年通过的《物权法》除了提出要向被征地农民支付足额的补偿费用外，首次提出将被征地农民的社会保障问题纳入征地补偿考虑的范围，充分体现了对被征地农民作为国家公民的土地财产权利的尊重和保护。从这个时期关于征地问题的法律法规的调整情况来看，国家加大了对征地制度改革的力度，征地制度改革的方向除适应市场经济发展要求外，也开始涉及更为广泛的利益分配问题。征地制度中的公平合理补偿问题、公共利益界定问题和农民权益被侵害后的司法救济问题成为我国今后征地制度改革的主要研究方向。

（三）农村集体土地征收的制度局限

1. 征地法规矛盾，征地权被滥用

法律是规范约束我国行政行为的主要依据。法律规范相互矛盾是导致行政行为失范、行政权滥用的主要原因。根据理论界的普遍观点，"国家对农民集体所有土地的征用是一种行政行为，而不是市场行为"，[①] 关于征地的法律法规就成为约束政府征地行为、确保征地权合法行使的基本法律依据。我国现行关于土地征收权的法律规定中，存在法律规定相互矛盾、相互冲突的问题，导致了政府滥用土地征收权、征地行为失范等以行政权侵犯农民土地权益的情况。如我国宪法第十条规定"城市土地属于国家所有"，"国家为了公共利益的需要，可以依照法律规定对土地实行征收或者征用并给予补偿"。这一规定导致了两个限制：其一是征地成为国家将农业用地转变为建设用地的唯一合法形式；其二是征地必须符合公共利益这一前提条件才具有合法性。这两个条件的限制，必然导致一个矛盾结果：农地转为城市建

---

① 章友德：《我国失地农民问题十年研究回顾》，《上海大学学报》（社会科学版）2010年第5期。

设用地必须经过国家征地这一程序才是合法的，但不符合公共利益的农地转用又不可以进行征地。因此当房地产开发等经营性非公共利益项目开发需要对农地进行征地时，政府征地权的行使就必然陷入两难境地。不征为国有土地就将农地转用为建设用地，就违反了"城市土地属于国家所有"这一规定；在不符合公共利益的条件下征为国有土地，这种征地行为就势必需要政府滥用征地权进行违法征地才能进行。

2. 征地纠纷尖锐，征地冲突频发

在城市快速扩张的过程中，政府征地为城镇化的快速发展提供了用地保障，同时也由于征地法律、制度、程序中的缺陷和征地过程中的利益博弈等问题引发了诸多社会矛盾。征地冲突就是征地矛盾的典型体现。1994 年国家实行分税制改革增加了地方政府的财政压力，缓解财政负担的需要和地方政府本身的自利性使地方政府在征地过程中具备了"与民争利"的动机。而"地方政府部门在征地中以'公权力'为后盾的强制性"[1] 则为地方政府在征地中实现利益动机创造了优势条件。一些地方政府甚至不惜动用暴力机关以武力威胁或暴力手段实现强制征地。强制征地行为和征地过程中的暴力行为加剧了日益尖锐的征地矛盾，导致征地冲突事件频发，有些甚至引发成为影响较大的群体性冲突事件。如 2012 年 8 月，河南周口的项城市政府在没有与被征地村民达成征地协议的情况下，组织当地警察、政府官员和社会青年等近 200 人对征地涉及的 147 亩耕地进行强征，导致村民集体游行抗议和多名村民被打伤的严重后果；2013 年 8 月，河南开封市通许县四所楼镇政府组织工作人员与当地民警对当地毛古庄村的土地实施强征，村民与镇政府工作人员和派出所民警发生冲突，导致数名村民受伤住院，100 多亩玉米被推土机损毁的后果；2014 年 10 月，

---

① 朱力、汪小红：《现阶段中国征地矛盾的特征、趋势与对策》，《河北学刊》2014 年第 6 期。

云南昆明市晋宁县（今晋宁区）富有村部分村民与晋城泛亚工业品商贸物流中心项目的施工人员发生冲突事件，导致 8 死 15 伤的严重后果。在此之前，富有村村民与当地政府和项目实施方已经因征地补偿、道路建设等问题多次发生冲突，富有村周边村庄因土地纠纷问题也多次与政府工作人员和施工方发生多次流血冲突。

3. 征地程序失范，缺乏司法裁决

"程序正义是制约权力的法律手段"。[1] 在征地过程中，要实现征地权的合法行使就必须依赖规范的法律程序。"我国现行征地程序缺陷是征地权滥用、征地相对人权益遭致侵害的关键"，[2] 也是引发征地矛盾和征地冲突的主要因素。从大量因征地问题引发的征地纠纷事件来看，现行征地程序存在诸多缺陷：（1）"公共利益"界定程序缺失。公共利益是土地征用的合法性前提，是我们判断任何行政征用是否合法的尺度。[3] 目前我国宪法和法律只是"以一种抽象原则的形式"[4] 对土地征收的公共利益前提进行规定，并未对其做出明确解释。对征地行为的公共利益判定往往由当地行政机关自由裁量，实行的"两公告一登记"制度也只是满足了被征地农民对征地及补偿安置结果的知情权。农民对征地行为是否符合公共利益的知情权、参与权和异议权并没有得到保证，现行宪法和相关法律的规定中也没有具体的司法或宪法解释来适用于对征地行为的公共利益合法性进行裁断，对公共利益进行裁定的行政程序和司法程序都存在严重缺陷；（2）公众参与决策严重不足。现行法律对于农地转用必须经过国家征收的规定，使征地行为成为一种由政府单方面决定并可以强制执行的行政行为。拥有土地使用权和集体成员权的农民虽然有法定的谈判权和参与

---

① 张亮：《程序正义论》，《广西民族大学学报》（哲学社会科学版）2007 年第 S1 期。

② 李红波：《现行征地程序缺陷及其改进研究》，《经济体制改革》2008 年第 5 期。

③ 申建林：《对行政征用中的公共利益的认定》，《武汉大学学报》（哲学社会科学版）2007 年第 4 期。

④ 申建林：《对行政征用中的公共利益的认定》，《武汉大学学报》（哲学社会科学版）2007 年第 4 期。

权，但在实际征地过程中，农民参与谈判权并没有得以行使。农民对征地补偿的讨价还价能力实际上也因征地权的强制性而被剥夺，农民被排斥在征地决策过程之外，无法通过平等谈判和参与决策来保护自身权益；（3）规范性监督程序缺位。现行征地程序通过"两公告一登记"制度将征地方案及补偿安置方案公布告知被征地农民，接受其监督并听取意见。但在实际中，由地方政府确定的征地方案及补偿安置方案无论被征地农民同意与否，都会由征地机关强制执行，"公告"往往变成了"通知"，利益相对人的监督权利被漠视。来自上级权力机关的制约也只是一种上级机关对下级机关自由裁量权的限制。当征地申请及方案获得上级机关审批之后，被征土地的真实用途、征地方案及补偿安置方案的真实执行情况往往缺乏及时监督。不受制约的权力必然导致权力滥用，规范性监督程序的缺位势必导致滥用征地权侵犯被征地农民的权益；（4）争议裁决程序失灵。当被征地农民对政府圈定的征地范围、确定的征地方案和补偿安置方案有异议，且与政府无法达成协议的情况下，根据我国《土地管理法实施条例》第二十五条规定，可以先由县级以上人民政府协调，协调不成的再由批准征地的人民政府裁决。对征地争议协调裁决的这一规定使政府"即是运动员又是裁判员"。政府作为征地的当事人，当与征地的另一方当事人发生争议的时候，再由自己对争议进行裁决。出于自利性的驱动，政府对争议的裁决不符合正义原则，裁决结果的正义性能否得到保障，必然会受到质疑。① 此外，现行法律中也没有对政府在征地中的违法违规行为应该承担的法律责任做出明确规定，导致被征地人在对征地方案有异议或者权利受损的情况下，也无法通过司法裁决程序来主张自己的请求与权利。

4. 征地补偿偏低，安置措施单一

国家因公共利益或其他建设需要征收土地时，会给被征地人带来

---

① 李红波：《现行征地程序缺陷及其改进研究》，《经济体制改革》2008 年第 5 期。

经济上原本不应承担的损失。因此，世界各国普遍认为应该对被征地人给予公平合理的补偿，以弥补被征地人所遭受的经济损失。关于征地补偿的原则，大致上有完全补偿原则、不完全补偿原则和相当补偿原则这 3 种原则。各国关于征地补偿适用的补偿原则各不相同，我国的土地征用补偿原则虽未明文规定，但实际适用的是不完全补偿原则。[①] 补偿范围并没有包括被征地人的一切直接损失和附带损失，只限于土地补偿费、安置补助费、青苗及地上附着物补偿费这些直接损失补偿项目，并不涉及因征地给被征地人带来的其他附带损失的补偿，补偿项目较窄。补偿标准也不是按照市场价格对土地给予补偿，而是按照土地的原用途给予补偿，即农村集体土地是按照农业用途向被征地农民支付征地补偿费的，补偿标准按照土地年均产值的倍数法计算补偿安置费。补偿标准相对于土地的出让价格，显然是非常低的。根据陈江龙、曲福田等人的调查显示，政府征地支付的征地补偿费用仅相当于政府征得土地后出让价格的十分之一，征地补偿费的标准远远低于土地的市场价值。[②] 这种较低的补偿标准，使被征地人，尤其是文化水平较低、缺乏专业技能、就业困难的农民，很难依靠征地补偿维持其原有的生活水平。对被征地农民进行适当安置的安置制度肇始于 1950 年的《城市郊区土地改革条例》，[③] 安置措施在最初的农业安置、就业安置的基础上又增加了入股分红安置、移民安置、货币安置、社保安置等多种途径的安置模式。随着国家市场经济的逐步发展与社会经济的转型，国家对被征地农民安置措施的鼓励方向逐渐由优先进行农业安置转为鼓励进行货币安置和社保安置。由于货币安置的方式更为简单易行，能够降低征地的谈判成本，提高征地速度，

---

① 陈泉生：《论土地征用之补偿》，《法律科学》（西北政法学院学报）1994 年第 5 期。
② 陈江龙、曲福田：《土地征用的理论分析及我国征地制度改革》，《江苏社会科学》2002 年第 2 期。
③ 齐睿、李珍贵、王斯亮、谢锦：《中国被征地农民安置制度变迁分析》，《中国土地科学》2013 年第 10 期。

而且可以让用地单位摆脱长期的安置负担，因此货币安置方式迅速在全国范围内普及，成为地方政府和用地单位在征地安置实际操作过程中优先选择的安置方式。过度货币化的安置方式虽然提高了征地速度，简化了安置困难，但逐渐引发安置制度的异化。农业安置、就业安置、入股分红安置、移民安置、社保安置等安置模式在实际安置过程中逐渐被弱化，货币安置上依然是实际安置工作中最普遍采用的安置措施。货币安置的一次性存在多方面的劣势，并不利于对被征地农民未来生活的保障。打破单一的货币安置措施，实行多元化安置，才能给农民更多的安置选择。

本章小结

本章对家庭联产承包责任制这一城镇化发展的农地制度基础进行了阐述，并从城镇化进程中农村土地资源的利用现状着手，详细分析了当前实现农村土地资源多样化开发的土地流转模式；从城镇化对农村土地等基本生产要素提出的要求出发，对农地资源配置的规模化、市场化、企业化趋势进行了分析。农村土地资源开发模式与发展趋势的变化与发展必然会对农村土地制度提出相应的调整要求。在上述分析的基础上，对农村土地承包经营权流转制度、农村集体建设用地使用权流转制度和征地制度的建构发展及其调整进行了阐述与分析。

第四章　现行农地制度下的农民土地权益问题分析

土地权益是农民所有权益中最为根本的权益，农民土地权益的实现直接影响到农民的生存问题与发展问题。现行农地制度下日益深刻的土地矛盾，需要我们重视农民土地权益是否能够得以公平公正实现的问题。本章将分别通过对农民的土地承包经营权流转、集体建设用地使用权流转和土地征收问题的阐述与分析，审视探讨农民土地权益现状及实现困境。

第一节　农民土地权益现状的一般性分析

农民能否充分享有合法的土地权益，受到现行农地制度对其土地权益享有资格、享有范围及权益实现过程中实际情况的影响。

一　农民土地权益主体资格与身份认定

在我国现行的农村土地归农村集体所有的所有权设计下，农民是否具备享有农村土地权益和参与集体土地权益分配的资格，主要取决于农民基于其"集体成员"身份的土地承包关系。

我国现行《农村土地承包法》规定"国家依法保护农村土地承包关系的长期稳定"，"承包期内，发包方不得收回承包地"，这种长期稳定的土地承包关系确保了农民作为土地权益主体资格的稳定性。但土地承包关系并非完全不能打破，我国《农村土地承包法》在规定发包方不得在承包期内收回承包地的同时，也对可以收回或变更土地承包关系的情况进行了规定：一种是在承包期内，承包方及全家迁入设区的市并转为非农业户口的，发包方有权收回承包地；一种是在承包期内，承包方可以主动交回承包地并有权获得对土地进行投入以提高土地生产能力的补偿。可见，除非是农民自愿主动交回承包地，发包方只有在其已经不是农业户口的情况下才有权收回承包地，取消农民的土地承包关系。因此，农民的土地承包关系及其土地权益主体资格很大程度上取决于其"集体成员"的身份认定。目前，我国用来确定农村集体经济成员身份的有效法律依然是我国1958年公布实施的《户口登记条例》，以户口作为其身份确认的标准。但在实际工作中，也有很多地方依照习俗来确定"集体成员"身份。这种依照习俗确定身份的方法由于无法可依，而且存在很多符合风俗但不合理的情况，所以会对部分农民的合法土地权益造成侵害。

二　农民土地权益范围分析

农民基于家庭联产承包责任制所享有的土地权益范围决定农民土地的收益大小。了解农民享有土地权益的具体范围，可以帮助人们更加清晰地认识农民土地权益的现状。从当前相关法律规定来看，农民享有的土地权益具体包括以下几项主要权利。

（一）长期稳定的土地承包权

Alchian和Demsetz认为，土地产权的稳定性与土地所有者对土地的投资激励成正比，土地产权越稳定，土地所有者对土地进行长期投资就越有信心。[1] 从我国当前相关的法律和中央文件的精神来看，国家从法律和政策上都采取了积极的态度对农民土地承包权的长期稳定

---

[1]　A. Alchian and Demsetz, "The Property Rights Paradigm", *Journal of Economic History*, 1973.

予以支持和保护。《农村土地承包法》明确规定国家依法保护农村土地承包关系的长期稳定，并规定了耕地的承包期为30年，发包方在承包期内不得收回和调整承包地；党的十七届三中全会报告提出要"赋予农民更加充分而有保障的土地承包经营权，现有土地承包关系要保持稳定并长久不变"；党的十八届三中全会再次提出要"稳定农村土地承包关系并保持长久不变"。长期稳定的土地承包关系有利于提高农民进行生产的积极性，意味着农民可以放心地对土地进行投入，也意味着农民可以获取更多的土地收益。

（二）灵活自主的土地经营权

计划经济时代以行政指令作为土地经营依据的土地经营模式固然不利于土地经营绩效的提高，而实行家庭联产承包责任制以后，以家庭经营为特征的小农经济和细碎化的经营规模，在城镇化过程中也已经不能适应规模经济的发展和现代农业科技的利用。只有赋予农民更加灵活自主的土地经营权，才能推动农业的现代化发展，帮助农民实现更多的财产权利。《农村土地承包法》明确规定了农村承包地除不得买卖外，土地承包方"有权自主组织经营和处置产品"。《物权法》也规定了"承包经营的土地享有占有、使用和收益的权益，有权从事种植业、林业、畜牧业等农业生产"。从这些法律的规定上来看，我国农民享有较为灵活自由的土地经营的自主权利。

（三）不尽合理的土地补偿收益权

城镇化加速发展推动了农地非农化的发展程度。在目前"农村土地非农化的唯一合法途径是土地征收或征用，土地市场结构呈现政府垄断一级土地市场状态"①的情况下，现有征地制度与相关法律规定却不足以保障农民得到合理的土地补偿收益。首先，目前《宪法》和《土地管理法》等关于征地的重要法律中虽然都明确规定了征地必须

---

① 钱忠好、牟燕：《征地制度、土地财政与中国土地市场化改革》，《农业经济问题》2015年第8期。

出于公共利益的需要。但是由于法律规定并不细化，没有明确界定公共利益的范畴和边界，因而很容易造成政府征地过程中放大对公共利益的解释权，甚至以公共利益之名将征地范围扩大到出于非公共利益的征地，导致农民只能被迫接受征地补偿。其次，现有法律规定的征地补偿标准并没有体现土地的市场价值，而且在征地补偿款分配的过程中又存在被层层截留的问题，导致农民得到的实际补偿极不合理。

（四）逐渐放开的土地流转权

从人民公社时期的土地公有公营，到家庭联产承包责任制时的公有私营，再到目前正在开展的农村土地确权，都呈现出国家对农村土地经营权流转逐步放开的趋势。现有《农村土地承包法》《物权法》和国家有关文件规定，农民的土地承包权可以通过转包、互换、转让、入股、抵押等方式进行流转。2016年9月29日，习近平总书记在中央全面深化改革领导小组第五次会议上也明确指出要"在坚持农村土地集体所有的前提下，促使承包权和经营权分离，形成所有权、承包权、经营权三权分置，经营权流转的格局"。这些都说明目前我国的相关法律和政策是支持土地流转权更加放开和灵活的。这种逐步放开的土地流转会促进土地的规模化经营与土地资源的合理配置，也有利于农民通过土地流转获取合理的土地收益。仍需关注的问题是，农民在土地流转过程中能否真正按照自己的意愿进行土地流转，如何避免政府或土地所在集体经济组织对农民土地流转的强制干预，保障农民土地流转权益不受侵害。

三　城镇化过程中农民土地权益受损表现

（一）农民土地权益在土地流转中的损害

"城镇化是土地流转的推动力"。[①] 城镇化过程中的产业结构升级

---

① 张平：《城镇化与土地流转互动：机制、问题与调控研究》，《社会科学战线》2014年第6期。

促进了农村劳动力向非农产业的转移，推动了城市的扩张和土地流转的发展。但在相关法律不完善与土地流转市场不规范的情况下，农民的土地权益在土地流转过程中仍然会受到各种限制和损害。

1. 现行相关法律对农村土地流转的规定虽然都允许农民进行土地流转，但都进行了各种条件限制。如《农村土地承包法》对土地流转的用途与期限进行了限制，规定了土地承包经营权流转"不得改变土地所有权的性质和土地的农业用途"，流转期限也"不得超过承包期的剩余期限"，并且规定了土地承包经营权的流转需要经过发包方同意或者经发包方备案才予以承认。1988年4月，最高人民法院发布的《关于贯彻执行〈中华人民共和国民法通则〉若干问题的意见（试行）》第九十五条也明确规定"承包人未经发包人同意擅自转包或者转让的无效。"这就将农民的承包地流转权置于土地发包集体的限制下。在当前农村集体经济组织与农民相比明显处于强势的情况下，《农村土地承包法》中规定的土地流转"平等协商、自愿、有偿，任何组织和个人不得强迫或者阻碍承包方进行土地承包经营权流转"这条原则在很大程度上就成为一句空话，农民的土地流转权无法得到有效保障。在许多农民进城从事非农就业而土地流转受限的情况下，进城务工的农民出于非农就业收益与土地种植收益的对比，往往会放弃家乡的农业生产。原有的承包地要么交由亲朋好友代为耕种，要么由家里的留守老人勉为耕种，实在无人代为耕种的，有些就只能选择任由农地撂荒，农民的土地权益受到严重损害。

2. 城镇化的快速发展对农业发展提出了规模化、现代化的要求，也推动了农村人口不断向城市流动转移，这两方面的共同作用形成了农地流转市场需求增加的局面。然而在目前国家并未形成规范的农地流转市场的情况下，农地流转的供求双方缺少交易平台、无法高效对接。即使供求双方能够对接交易，在利益驱动下，也会因为缺少第三方监管而导致农民在土地流转过程中的合法权益容易遭受来自集体或者其他各方的损害。

上述对农民土地流转权的限制和损害，很大程度上都源于农民土地集体所有制下农民土地产权的残缺。集体经济组织作为土地发包方，凭借对土地的所有权对农民的土地流转进行干涉与限制，农民的承包权和经营权被捆绑在一起，没有分离，不利于农村土地的规模化发展，也不利于农村劳动力资源在城镇化过程中的优化配置。要改变这种限制和损害农民权益的情况，就需要以放活土地经营权为目标对土地制度进行改革。2016 年 9 月 29 日习近平在中央全面深化改革领导小组第五次会议中的重要讲话指出要"在坚持农村土地集体所有的前提下，促使承包权与经营权分离，形成所有权、承包权、经营权三权分置，经营权流转的格局"，提出了引导土地承包经营权流转的农村土地制度改革方向。

（二）农民土地权益在土地征收中的损害

"城市化的快速发展必然导致农地非农化"①。根据我国现行土地法律的相关规定，农村土地用于城市非农建设必须先转为国有土地。在只有国家享有合法征地权的情况下，"国家征用农地就成了城市化利用农地资源的惟一合法途径"②。为了限制政府滥用征地权，《宪法》第十条规定"国家为了公共利益的需要，可以依照法律规定对土地实行征收或者征用并给予补偿"，以此作为政府进行土地征收时的限制条件和对农民土地权益的法律保障。但由于对公共利益没有具体清晰的界定，对农民征地补偿方案和具体补偿措施的不健全，导致征地过程中农民的土地权益被严重侵害。

1. "'公共利益'是土地和财产征用的合法性前提，是我们判断任何行政征用是否合法的尺度"，对利益的"公共性判断才是行政征

---

① 钱忠好、牟燕：《征地制度、土地财政与中国土地市场化改革》，《农业经济问题》2015 年第 8 期。

② 周其仁：《农地产权与征地制度——中国城市化面临的重大选择》，《经济学（季刊）》2004 年第 4 期。

收合法性认定的关键。"① 而在目前我国的相关法律法规中，只对公共利益做了一种抽象的原则性的规定，并没有进行明确具体的解释。这就为行政机关进行行政征收提供了对公共利益进行解释和适用的自由裁量权，使公共利益对行政征收的限制形同虚设。这种情况下，政府利用对公共利益解释及适用的自由裁量权，以维护公共利益为名动用征收权，合法地对农民的土地进行征收，对农民土地权益造成侵害就成为一种必然。

2. "征地权特有的公益性和强制性属性，决定了征地权如果不加以严格限定，往往成为一项极易被过度使用的政府权力。"② 在征地程序不够完善，相关法规不够健全，征地审批程序不够规范的情况下，极易导致地方政府在利益驱使下利用征地权的强制性，肆意歪曲对公共利益的解释，以公共利益之名进行非公共利益性质的征地，而这种强制性的征地权是无须征得土地所有权人同意的。因此，政府征地权的过度使用必然会对农民土地权益造成合法的侵害。

公共利益解释的模糊性和征地权的强制性导致了地方政府在征地过程中的绝对强势地位。农民、农村集体经济组织等利益主体在与地方政府进行征地问题和利益分配的协商谈判时，势必处于弱势地位。加上平等谈判机制和征地裁决机制的匮乏，农民的土地权益被政府公权力合法侵害也就无从避免。

（三）农民土地权益在二元产权制度下的损害

在城镇化发展过程中，计划经济时期确立的城乡二元土地产权制度是影响农村与城市平等发展的根本制度安排。在二元土地产权制度下，城乡土地分属于不同的权利体系，有不同的土地资源流转配置方式。城市土地与农村土地产生的增值收益也因其不同的分配方式而导

---

① 申建林：《对行政征用中的公共利益的认定》，《武汉大学学报》（哲学社会科学版）2007 年第 4 期。

② 徐琴、张亚蕾：《论征地权过度使用的防止与中国征地制度改革——国际经验对中国征地制度改革的启示》，《中国土地科学》2007 年第 2 期。

致收益分配的不公。二元土地产权制度的这些特征带来了一系列的问题，其中尤以二元产权制度下农民土地权益的受损问题受到社会广泛关注。

1. 城乡土地所有权归属的差异导致城乡居民享有土地权益的不平等。根据我国《宪法》的规定，"城市的土地属于国家所有，农村和城市郊区的土地，除由法律规定属于国家所有的以外，属于集体所有，宅基地和自留地、自留山也属于集体所有"①，这一规定明确了城市与农村土地的所有权分别属于国家和集体。我国《土地管理法》又规定了"国家为了公共利益的需要，可以依法对土地实行征收或者征用并给予补偿"②，这一规定明确了国家可以依法通过征收或征用变农村土地的集体所有权性质为国家所有权性质，说明国家作为所有权主体对农村集体所有的土地也具有最终支配权。这就导致农村土地所有权主体模糊不清的问题，即根据《宪法》规定，农村土地归集体所有，集体是农村土地所有权的权利主体之一。农村集体中的村民作为集体成员，也是农村土地所有权的权利主体之一，而根据《土地管理法》中关于国家征地权力的规定，国家实际上拥有对农村土地的"终极所有权"。因此，国家也是农村土地所有权的权利主体。国家、集体、农民这三者都是农村土地所有权的权利主体，但却没有相关的法律规定他们之间的产权份额各是多少，也没有规定他们各自的权限是如何划分的，这就导致农村土地所有权因主体模糊和权限划分不清晰而造成所有权虚置。农民实际上就无法行使自己的土地所有权主体权利，不能自由转让自己所拥有的土地所有权，也不能拥有对土地流转或征收的最终决定权，其作为土地所有权主体的权利很容易受到国家或集体的侵害。

2. 国家对农村土地使用用途的垄断管制导致土地收益分配的不公

---

① 《中华人民共和国宪法》，法律出版社 2009 年版。
② 《中华人民共和国土地管理法》，中国法制出版社 2010 年版。

正。现行法律中涉及农村土地使用用途的规定主要有《土地管理法》和《农村土地承包法》这两部法律，其中以《土地管理法》中关于土地用途的规定更为具体，其中几项重要的规定是：

"国家实行土地用途管制制度"；

"依法改变土地权属和用途的，应当办理土地变更登记手续"；

"任何单位和个人进行建设，需要使用土地的，必须依法申请使用国有土地"；

"依法申请使用的国有土地包括国家所有的土地和国家征收的原属于农民集体所有的土地"；

"征收土地的，按照被征收土地的原用途给予补偿"。

从上述规定可以看出，我国农村土地虽然实行农村集体所有制，但其使用权却不完全归集体所有。农村土地用途依然由国家进行垄断管制。农业用地要变更为非农业用途土地，必须由国家通过征地程序将其变为国有土地之后，才能用于非农用途的建设，即在这一过程中，土地的所有权性质由农村集体所有变更为国家所有，而地方政府成为土地所有权和用途转变的唯一裁决者。政府通过征地程序对农民土地进行征收之后，依法要给予一定的补偿，但征地补偿的标准是按照土地的原用途予以补偿的。对于农民的承包地来说，如果被征收，农民和农村集体能够从政府获得的土地补偿是按照农村土地年均产值来计算的。除地上附着物和青苗补偿费是按照市场价值进行补偿外，土地补偿费和安置补助费这两项补偿的总和被规定为"不得超过土地被征收前三年平均年产值的三十倍"，以此为标准计算出的土地补偿费用远远低于土地被征为国有土地后的出让价格。而且在征地补偿费的实际分配过程中，土地补偿费一般是由村集体组织支配的，农民实际获得的补偿比例非常少，政府征地后的土地出让费一般由政府支配。可见，在征地过程中，政府、集体、农民这三者从中获得的收益比例严重失衡。农民从中获得的土地补偿收益过低，并且丧失了获得土地增值收益的权利。政府在征地中的垄断地位及征地后的独家经营地位使其成为农村土地用途变更管制的垄断裁决者。政府对农村土地使用用途的垄断管制导致土地补偿收益和土地增值收益在政府、集体、农民三者之间分配的不公平。

城乡二元土地产权制度下，土地所有权的归属差异和国家对农村土地用途的垄断管制造成了农民基于所有权权益的残缺与受损。在国家征地垄断的格局下，征地补偿标准与分配的不公平和土地收益分配的不公平就成为农民不得不接受的结果。

第二节　农地承包经营权流转制度下的农民土地权益问题分析

城镇化发展在推动农业科技水平和农业生产能力提高的同时，也推进了农村剩余劳动力向城市的转移就业与居住。农村人口城镇化的速度和规模越来越大，农业科技也将越来越多地被应用于农业生产。当前农村土地细碎化的粗放经营模式已经不能适应现代化农业发展和城镇化发展的需要，在农村土地集体所有的产权制度限制农民进行农地买卖与农地用途的情况下，农村土地承包经营权流转就成为农村土地发展的一个必然趋势，也是农民充分实现承包经营权益的最佳选择。

我国农村土地承包经营权流转制度的实施，在一定程度上缓解了土地撂荒问题，对农民收入的增加与农地规模化、农业现代化进程的推进也起到了一定的促进作用。但农民自身维权力量的薄弱、农村土地承包经营权流转的相关法律缺陷、流转收益分配不合理等原因，导致农民在土地承包经营权流转过程中的土地权益不能得到有效保障。主要面临以下几方面的问题。

一　土地承包经营权流转偏离农民意愿

自1984年中央开始允许农村承包地进行流转之后，中央在30多年间发布的一系列与土地承包经营权流转相关的文件中一直坚持依法、自愿、有偿的流转原则，要求土地承包经营权流转要尊重农民的主体地位，尊重农民的流转意愿，并一再强调基层政府和乡村干部在土地流转中服务功能的健全，制约基层政府和乡村干部利用强制性行政权力强迫农民进行流转。但是，在土地承包经营权流转的实践中，仍然有一些地区的基层政府和乡村干部为了搞政绩工程或是为了个人利益的实现，利用行政强制手段对农民土地承包经营权流转行为进行干预，采取下指标、搞摊派等强硬方式强迫农民进行流转，偏离了农民的流转意愿。

二 农村集体土地所有权主体模糊

我国《宪法》《土地管理法》等相关法律中虽然明确规定了农村土地归农民集体所有，但对农村土地的所有权主体并没有进行清晰的界定。《土地管理法》中虽然明确了村（乡、镇）集体经济组织、村民委员会、村民小组有权对集体所有的土地进行经营、管理，但农村集体经济组织实际上并不存在，村民委员会只是群众性的自治组织，村民小组连集体组织都不是，都不具有集体经济组织的法律地位和经济核算形式，因此都不能成为集体土地所有权的代表。这种集体土地所有权主体模糊的情况使一些乡镇基层政府和村委会组织认为自己可以代表集体所有权主体对土地进行随意处置。农民也由于对集体土地所有权主体认识模糊，对自己承包的土地归属并不清楚，也不清楚自己对承包的土地拥有哪些权利。这种对土地所有权主体及权属的模糊认识使农民既不能自觉维护自己的土地权益，也无力对抗来自乡镇基层政府或村干部对自己的土地流转权益的侵害。

三 农民土地承包经营权流转收益分配不合理

土地承包经营权流转产生的流转租金问题与农民的土地权益息息相关。流转租金的额度与分配的不合理是农民土地权益受损最直接的表现。一些地方通过将流转租金的确定与农民自己种粮的收益进行比较来衡量土地承包经营权流转收益是否划算，认为流转租金只要超过农民自己种粮的收益，那么土地承包经营权流转就是划算的。这种简单的比较并没有考虑到土地流转的增值空间，也没有考虑到土地流入户可能因各种原因而导致其租金支付能力不足给农民带来流转收益风险。有些地方采取一次性支付流转租金，这种支付方式是以农作物的年均收益为基础计算出来的，并没有体现出土地的实际价值，也没有考虑到土地的增值问题。关于流转收益的分配，除农民自行联系的流转外，由村集体组织进行的土地流转，其流转收益往往经过村集体统一进行分配。有些村干部以各种名义扣留、侵占农民的土地流转租金，甚至强制农民低价流转，剥夺农民对承包地流转的定价权，导致农民的流转收益得不到保障，尤其是妇女和儿童，更容易成为被侵占流转收益的对象。

四　土地承包经营权流转程序不规范

国家出台的相关法律和文件中一再强调要规范土地承包经营权流转程序。但在实际流转过程中，农民大多数是通过口头商定的方式来达成流转协议，并没有签订书面合同，这就导致土地流转双方的权利和义务不能以规范的合同方式予以保障。尤其是在双方因流转问题出现纠纷的时候，口头协议的举证困难更容易使土地流转双方的权利和义务不能得到有效的法律保障。签订书面流转协议的，也存在合同主体和流转程序不规范的问题。国家相关法律和文件要求流转要尊重农民的主体地位，但在实际的流转过程中，部分村干部以集体组织的名义越权代替农户与承租人或承租机构签订流转协议，这种做法忽视了农民在土地流转中的主体地位，签订的合同也因合同主体不符合国家规定而存在合同不规范的情况。此外，村干部不按照规定公开招标发包信息，私下与土地流转承租人或承租机构达成交易，以虚假招标的形式欺骗农民，侵害农民流转权益的行为也时有发生。

五　土地承包经营权流转法律不健全

现行《物权法》《土地管理法》《农村土地承包法》和各地制定的相关管理办法虽然都对农村土地承包经营权流转有较为详细的规定，但从实际流转情况来看，依然存在法律法规不全面、法律规定太笼统，法律内容不一致和法律政策相冲突的情况。如现行法律对转包、转让、互换、入股等方式的流转程序做了明确的规定，并明确其受到法律保护，但对"其他方式"这样的笼统表述并没有进行具体明确的规定，这就容易导致其他方式的流转中出现纠纷时遭遇无法可依的情况；再如法律规定农民进行土地承包经营权流转需要"经发包方同意"，但对于由谁来作为主体代表发包方行使同意权、同意程序如何启动、不同意包括哪些法定理由、答复期限有何要求都没有做具体的规定。这些法律问题的存在都成为农民流转权益实现的隐患。

第三节　农村集体建设用地使用权流转中的农民土地权益问题分析

城镇化快速发展的一个重要表现是对建设用地需求量的增加。由于城市用地存量紧张，价格成本偏高，农村集体建设用地就成为城市发展及扩张所需土地的主要来源。在现行土地制度下，国家对建设用地管控严格，农村集体建设用地只有被国家通过征地转为国家用地之后，才能进入土地市场进行交易。因此，在集体建设用地所有权统一归集体所有，而国家又管控严格的情况下，集体建设用地所有权很难进行流转。实现集体建设用地土地价值，就只能选择通过集体建设用地使用权流转的方式。

城镇化对用地需求的增加使农村集体建设用地的稀缺性及其价值越来越凸显，农民也更加关注集体建设用地产生的土地收益权益。确保农民作为集体成员能够平等地享有集体建设用地土地权益是农民土地权益保障的一个重要问题。农村集体建设用地使用权流转无疑在为国家城镇化提供发展用地、促进生产要素在城乡之间自由流动、增加农民收入等方面起到了积极作用。但土地产权制度的制约和法律规范的不健全导致集体建设用地使用权流转成为农民土地权益保护的薄弱环节，农民面临在集体资源分配过程中权益受损和权利无法主张的种种问题。

一　农民的知情权和参与权缺乏保障

"如果没有健全而合理的政治制度，民意就可能被阻挡，被遮盖，被扭曲，被滥用，被不适当的代表，有时甚至变的软弱无助。"① 我国集体建设用地使用权流转由于缺少健全的流转规定，导致农民的知情参与权得不到尊重。在我国当前的集体建设用地使用权流转中，存在许多流转程序失范的情况，如缺少公告、流转信息不透明、财务不公开、没有通知村民、没有组织召开村民代表大会等。甚至有些地方出现流转程序倒置的违规现象，即村级组织通过私下操作的方式与用地单位达成集体建设用地使用权流转协议，事后再通知农民对协议进行补签，实现集体建设用地使用权流转协议形式上的完整。但实际上在这种程序失范的情况下，农民对集体建设用地使用权流转的知情权和参与权往往被部分村干部替代执行，根本得不到保障，农民也没有机会表达自己真实的意见和意愿。这种不尊重甚至是故意剥夺农民知情参与权的情况，不仅损害了农民的合法权益，也让农民无法对集体建设用地使用权流转进行有效监督。"执政者重视民意，是为了维护公民的权益"②，村干部作为集体建设用地使用权流转的实际决策者，不尊重农民的意愿甚至是故意忽视农民意愿的行为，显然不是为了维护

---

① 俞可平：《敬畏民意：中国的民主治理与政治改革》，中央编译出版社 2012 年版，第 5 页。

② 俞可平：《敬畏民意：中国的民主治理与政治改革》，中央编译出版社 2012 年版，第 5 页。

农民的权益，而是利用农民知情参与权缺位与监督缺位为其滥用权力、谋取私利提供便利，这样做的结果无疑是进一步损害了农民的土地权益。

二　流转收益分配缺乏规范

流转收益分配是集体建设用地使用权流转的关键，也是农民最为关注的问题。因流转收益分配产生的矛盾在农村极易被激化成社会矛盾，而矛盾在初始阶段主要是由于我国集体建设用地使用权流转收益分配机制不完善导致的。具体表现为政府、农村集体、农民个人这3个层次的利益主体在流转收益分配中享有的分配权益不明确。在政府与农民集体之间，政府是否有资格参与流转收益分配？针对这个问题，目前国家尚未出台相应的法律规范，各地只是按照本地制定的管理办法进行管理。各地在制定管理办法的时候规定了当地政府是否参与流转收益分配。除少部分地方政府选择不参与集体建设用地使用权流转收益分配外，大部分地方政府均选择参与集体建设用地使用权流转收益分配。在参与分配的方式上有两种：一种是选择直接参与分配，如江苏苏州；一种是以税收的方式间接参与，如河南洛阳。此外，各地政府参与流转收益分配的比例也不明确，政府在流转收益分配中的角色定位模糊，这些问题极易造成政府在利益驱动下利用职权强行迫使集体建设用地使用权流转而损害农村集体与农民权益。在农村集体内部，农村集体组织与农民个人之间的流转收益分配方案与具体的操作规程也不明确。在集体建设用地产权主体模糊的情况下，村干部往往掌握着集体土地的处置决定权和利益分配权。由于缺乏统一规范的分配方案与操作规程，流转收益的分配方式、分配比例、收益使用、收益支付方式等都是由村干部来决定的。因此，村干部截留、挪用甚至私分流转收益、侵吞农民应得利益、损害农民集体土地权益的情况比较普遍。

三　市场流转机制存在缺陷

农民集体建设用地使用权流转权益的实现主要表现在农民能否在良好的市场秩序和规范的市场规则下分配到能够反映土地实际市场价值的收益。目前，我国农村集体建设用地流转很大程度上依然是发挥行政手段对土地资源配置的主导作用。集体建设用地使用权的流转虽然不受行政强制，但集体建设用地使用权流转机制不完善，不能满足市场流转的需求，因而无法使农民的流转权益得到充分实现。主要体现在两个方面：（1）市场规则体系不完善。现行法律中对于集体建设用地使用权交易市场的交易主体、客体、规则、程序等并没有做出具体完善的规定，导致集体建设用地使用权进行市场流转时缺乏可以遵照执行的市场规则体系，流转主体只能自行签订流转契约。自行签订的流转契约存在很多法律隐患，导致流转主体之间发生纠纷的时候无法得到法律的支持。这种流转规则体系不健全造成的契约失范的情况必然导致集体建设用地使用权流转的混乱与无序，进而造成对农民集体土地权益的损害。（2）缺乏规范的土地价格评估体系。国土资源部于 2015 年 3 月 18 日发布了关于实施《城镇土地分等定级规程》和《城镇土地估价规程》的通知，规定于 2014 年 12 月 1 日起实施这两项规程，作为城镇土地价格评估的依据。但并未发布农村土地分等定级和估价的相关依据文件，导致农村土地缺少价格评估的规范依据。农村集体建设用地使用权流转的流转价格在缺少规范的评估体系的情况下，往往是由村干部代表村民与流转对象通过协商来决定。商定的流转收益价格往往低于土地使用权流转的市场价格，不能充分地体现土地的实际市场价值与农民的利益诉求。少数村干部滥用权力通过暗箱操作与流转对象私下达成价格约定为自己谋取私利的，不仅不能体现农民的利益诉求，反而侵害了农民合理的土地权益。

第四节 征地过程中农民土地 权益问题分析

城镇化的快速发展导致城市用地需求的激增。当城市建设用地无法满足城镇化发展需要的时候，农地非农化就成为城镇化发展的一个必然现象。征地是目前我国实现农村集体土地城市化的唯一合法途径。政府通过土地征收实现农地非农化以满足城镇化发展需要的同时，现行征地制度存在的缺陷与漏洞导致被征地农民的合法权益遭受不同程度的侵犯，处于弱势地位的农民群体面对政府及用地机构的强势征地，面临着诸多权益受损及权利主张困难的问题。本节在前文对征地制度变迁过程及主要特征阐述分析的基础上，探讨现行征地制度下农民土地权益面临的问题。

一 土地所有权主体模糊，导致农民征地权益被直接侵害

农村集体土地所有权主体界定模糊是导致农民土地权益受到侵害的重要原因。当前的农村集体土地所有权制度基本上沿袭了计划经济体制下人民公社时期的"三级所有，队为基础"的格局。随着人民公社体制的解体和改革开放后家庭联产承包责任制的普遍实施，人民公社时期以队为基础的"三级所有"逐渐转变为现在的"集体"所有，原有的三级经济集体组织——人民公社、生产大队和生产队（小队）也在政社分离的原则下，撤并为乡镇、行政村和村民小组。由乡镇人民政府和村民委员会作为乡镇和行政村的行政管理机构，而村民小组作为村民委员会下设的村民议事组织，既不是集体经济组织，也不是基层行政管理机构，"三级所有"的所有权主体的组织形式实际上已经不存在了。政社分离之后，我国相关法律对于农村集体土地所有权主体做了相应的规定。如1986年颁布的《民法通则》中将农村土地的所有权主体确定为"村农民集体"和"乡（镇）农民集体"；2002

年通过的《土地承包法》中将农村土地的所有权主体确定为"村农民集体"和"村内两个以上集体经济组织的农民集体";2004年新修订的《宪法》中规定农村土地和宅基地属于"集体"所有;2004年修订的《土地管理法》中将农村土地、宅基地的所有权主体确定为"农民集体"。这些法律虽然都对农村集体土地的所有权主体进行了相关规定,但对"集体""农民集体""村农民集体"等所有权主体的概念、范围、边界并没有做出任何明确的界定。家庭联产承包责任制普遍推行和发展后,行政村与村民小组的经营管理功能日益弱化,逐渐由村委会接替。村委会成为农村集体土地的实际经营管理机构。法律规定的模糊、笼统和农村土地经营机构管理功能的混乱,导致农村土地所有权主体界定模糊。随着社会经济的快速发展与城镇化发展速度的加快,这种模糊的土地权属关系的缺陷在征地过程中也逐渐显露出来。一些村干部作为村委会成员,借村委会作为农村土地的实际管理机构的便利,掌握了对征地等事项的实际决定权,个别村干部甚至以村集体的名义代替农民签订征地补偿的相关合同,直接侵害了农民的土地权益。所有权主体界定的模糊导致了集体所有权缺乏最终归属,在集体土地及其权益遭受侵害之后,农民对于谁有权主张权利,并不明确。①

二 征地利益博弈中的权利不对等,导致农民合法征地权益被剥夺

我国现行法律规定决定了政府征地是农地非农化转用的唯一合法形式。政府通过征地将农村集体土地转为国有土地之后,再通过土地批租向土地使用权市场出让土地使用权,形成了政府对土地一级市场的垄断。政府垄断成为我国征地的典型特征。农民与地方政府作为征地利益博弈的利益相对方,双方的利益诉求明显是不同的。如果农民与地方政府权利对等,他们可以通过博弈实现制衡,那么政府的征地

---

① 王利明、周友军:《论我国农村土地权利制度的完善》,《中国法学》2012年第1期。

决策有可能会平衡反映双方的利益。但实际中，农民与政府所掌握的权利与资源明显不对等，"行政行为天然具有的不平等性和强制性使得失地农民处于弱势地位"[1]，征地的政府垄断特征使占有主导地位的地方政府利用其在征地决策中的强势地位，在利益博弈中实现征地利益分配的强势。地方政府在同时面对筹集城市建设发展资金、缓解财政收入不足、提高城市化水平等自身利益、政绩需求与保护和增进被征地农民利益时，这两者之间势必会出现利益不一致的情况。地方政府在征地决策的利益权衡中出于自利性往往会将地方政府自身利益最大化作为优先考虑，导致地方政府的征地行为偏离农民权益保护目标。农民在处于弱势的情况下，被排除在征地决策之外，对征地政策、征地价格、补偿标准与范围、安置方案等与农民切身利益相关问题的发言权、参与权、决策权等合法权益被剥夺。

三 "公共利益"界定模糊，为政府侵害农民土地权益提供"合法"理由

公共利益是世界各国政府实施征地的前提，也是对政府征地权的约束与限制。我国相关法律虽然也规定了征地必须以公共利益需要为目的，但相关法律并没有对"公共利益"的概念与范围做出明确的界定与解释，"反而将征地范围从《宪法》规定的公共利益需要扩大为一切用地项目[2]"。现行法律对"公共利益"的抽象化规定和对征地范围的扩大化，使"公共利益"及其适用范围的界定与解释成为政府机关或地方主要行政领导自由裁量的权力。对公共利益法定解释的缺失以及对公共利益学理概念解释本身的困难导致行政征用中的公共利益限制形同虚设。[3] 地方政府在土地财政的推动下，凭借对"公共利

---

① 兰措卓玛：《法治视角下的失地农民利益表达研究》，《青海社会科学》2014 年第 5 期。

② 钱忠好、曲福田：《中国土地征用制度：反思与改革》，《中国土地科学》2004 年第 5 期。

③ 申建林：《对行政征用中的公共利益的认定》，《武汉大学学报》（哲学社会科学版）2007 年第 4 期。

益"界定与解释的自由裁量权滥用征地权，一些不属于"公共利益"的征地项目也被政府划入"公共利益"范畴，政府征地的"公共利益"前提与限制实际上已经名存实亡。"公共利益概念在学理上的混乱和在立法上的缺失，使公共权利的边界彻底瓦解"。① "公共利益"在征地制度中被赋予的寻租空间与土地出让市场垄断权赋予的寻租动力促成了地方政府凭借公共权力经营土地的以地生财的土地财政模式的形成。② 在土地财政体系的运行下，大量营利性质的商业项目和房地产开发项目都被地方政府滥用解释权以公共利益为名进行了土地强征。"公共利益"界定的模糊为地方政府滥用公权力强行征地、侵害农民土地权益提供了"合法"的条件及借口。

四　被征地农民政治参与无序，影响农民合法维权的实现

农民的政治参与无序是目前我国征地制度存在的一个重大缺陷，导致农民在征地过程中缺乏相应的维权渠道，迫使农民通过暴力冲突与抗议等非法渠道表达和维护自己的利益诉求。保障被征地农民的合法权益，就必须重视农民在征地活动中的政治参与。亨廷顿曾指出："在一个政治意识和政治参与都很广泛的政治体系中，农民乃是举足轻重的集团。"③ 我国现行法律对农民在征地过程中的政治参与已经有了相关规定，如《土地管理法实施条例》第二十五条中对征地方案等的公告、听取意见、争议协调、政府裁决等农民依法反映意见的程序做了制度化规定，说明国家对土地征收中农民政治参与的重视。但需要引起人们关注的是，现有制度对于农民参与征地活动的规定缺乏具体的实施措施，不足以保障农民在征地实践中对征地方案决策的充分

---

① 申建林：《对行政征用中的公共利益的认定》，《武汉大学学报》（哲学社会科学版）2007 年第 4 期。

② 刘宗劲：《中国征地制度中的公共利益：异化、反思及超越》，《当代经济研究》2009 年第 10 期。

③ ［美］塞缪尔·P. 亨廷顿：《变革社会中的政治秩序》，上海译文出版社 1989 年版，第 112 页。

参与。征地方案和补偿安置方案虽然按照规定要向农民进行公告，但在实践中这种公告是在方案经过批准之后才向农民公告的，即事后公告。因此，公告程序某种程度上相当于向农民进行通知。农民对于征地及补偿安置方案的知情权、参与权、监督权、决策权等民主权利没有得到保障。当农民对征地或补偿安置方案存在争议或异议的情况下，根据规定，其申诉协调与裁决的机构却是批准征地的人民政府。政府既是征地争议的当事人，又是征地争议的裁决者，这种"既是运动员又是裁判员"的情况必然无法保证裁决结果的客观公正，农民的申诉权与异议权在这种裁决机制下形同虚设。"如果政治体系无法给个人或团体的政治参与提供渠道，个人和社会群体的政治行为就有可能冲破社会秩序，给社会带来不稳定"。① 当农民通过各种符合宪法和法律规定的方式、程序和要求的制度化政治参与方式无法实现其利益诉求和权益维护时，农民只能选择通过违反宪法和法律规定的无序政治参与行为来表达其利益诉求或宣泄其权益无法维护的不满，如越级上访、大规模示威、直接对抗、群体性暴力冲突等。②

本章小结

土地权益作为农民最为重要的权益，其实现情况关系到农民的生存与发展问题，也关系到我国全面建成小康社会目标的实现。应该重视农民土地权益的公平公正实现，尤其是在城镇化与农业现代化快速发展的推动下，农民土地权益实现的着眼点不应局限于土地的经济效益的实现，而应该从更为全面的角度去考量农民土地权益的充分实现与合法维护。本章从农民土地承包经营权流转、农村集体建设用地使

① ［美］塞缪尔·P. 亨廷顿：《变革社会中的政治秩序》，上海译文出版社1989年版，第95页。
② 彭小霞：《被征地农民非制度化政治参与：特征、成因与制度化转向》，《求实》2014年第3期。

用权流转和土地征收等农地制度下农民土地权益现状出发，对农民承包经营权流转制度、农村集体建设用地使用权流转制度和土地征收制度的基本内涵、制度发展、运行障碍以及3种制度下农民土地权益实现面临的问题分别进行了概括与分析，为挖掘现行农地制度下农民土地权益受损的深层根源问题提供依据。

第五章 农民土地权益受损的
理性反思

前文的分析已经展示了我国现行农村土地制度的缺陷与问题，以及农民土地权益受损和维权的困境。这些问题和困境不仅直接威胁众多农民的生活和社会稳定，而且也影响中国城镇化的进程。

对现行农地制度的缺陷和农民土地权益受损的根源进行深层理性反思，并有针对性地提出有效的改革创新措施，是不可回避的重要研究工作。本章将从农地产权制度、农民土地权益保护主体、法律机制与司法救济、政府配置土地资源4个方面对农民土地权益受损的深层根源进行探讨与反思。

第一节 农地产权制度缺陷制约
土地权益保障

"产权是社会认同的经济权利，是界定各经济主体权、责、利的内容及边界的范畴，其实质是人们之间的权、责、利关系"，[①] 通常由所有权、占有权、使用权、收益权和处分权等一组权利组成。清晰的

---

① 财政部财政科学研究所、北京财政学会联合课题组、贾康、赵福昌、唐在富、程瑜、陈龙、龙小燕：《首都新型城镇化进程中保障农民权益的基本原则、总体思路及政策建议》，《经济研究参考》2015 年第 21 期。

土地产权是保障和维护农民土地权益的制度基础。我国《宪法》《土地管理法》等主要法律虽然对农村土地产权的权属做了规定，但由于法律规定的笼统与模糊，以及对土地产权相关权能的规定缺乏，导致农村集体土地产权的产权主体、权能性质等模糊不清，集体土地所有权被虚置，土地资源优化配置运行不畅，造成产权制度的激励和约束功能缺失，农民土地权益受到严重侵害。农地产权制度的缺陷成为农民土地权益受损的制度根源。

一 农村集体土地产权主体模糊

现行法律对于农村集体土地所有权主体的规定有多种表述。如《宪法》将农村土地所有权主体笼统地规定为"集体"；《土地管理法》将农村土地所有权主体规定为"乡、村或村内集体经济组织"；《物权法》将农村土地所有权主体规定为"本集体成员"。上述各项法律对农村土地产权主体规定的不一致造成农村集体土地产权主体在界定与行使所有权过程中存在诸多问题。第一，各项法律对农村土地所有权主体规定的不一致与混乱，造成农村集体土地产权主体呈现多元化，从而引发农村土地产权主体的模糊；第二，各项法律对于农村土地所有权主体的规定中均涉及"集体"一词，但这一"集体"到底应该属于哪一级的"集体"，法律并没有给出明确的区分与界定；第三，各项法律没有明确规定农村集体土地所有权应该由谁来代为行使。《物权法》中虽然规定由"集体经济组织"行使土地所有权，但由于"集体经济组织"载体的缺失、村民小组经营管理功能的弱化，导致在现实中村委会成为农村土地所有权的实际行使主体与管理机构。而村委会作为群众性的自治组织，既不是基层地方政权，也不是国家机关。因此，村委会在行使农村集体土地所有权的过程中极易受到来自政府部门或者代表乡镇集体组织的乡镇政府的侵害而无力对抗。

二 农村集体土地产权不稳定

家庭承包经营责任制的实施实现了土地所有权与土地使用权的"两权分离"。经过 30 多年的发展，2016 年 10 月国家又对农村土地产权进行了所有权、承包权、经营权"三权分置"的制度设计。在这一过程中，中央重要文件中不断强调要赋予农民更加充分的土地承包经营权，稳定土地承包关系。从"两权分离"到"三权分置"，国家进一步放活了农民对土地的使用权和收益权，但依然没有完全解决土地产权不稳定的问题。2013 年全国全面开展的农村土地确权登记颁证工作虽然在一定程度上强化了农民对土地承包经营权的物权保障，为农民稳定与维护合法承包经营权提供了强有力的法律依据，但在具体落实的过程中，依然存在一些影响农民承包经营权稳定和落实的问题，如：土地承包合同到期之后应该开展延长承包期而没有开展的；少数地区出嫁妇女土地承包经营权不落实的；部分地区土地确权工作尚未完全落实，土地承包经营证没有发到农民手中的；一些地方仍然频繁调整承包地的。除此之外，城镇化发展导致的城市用地需求增加，政府通过征地实现农用地转化为非农用地成为无法回避的必然。农民无力抗拒政府的强势征地，农民的土地承包经营权、财产权和收益权依然避免不了受到侵犯。

三 农村集体土地产权权能残缺

农村集体土地产权权能残缺最主要的表现就是农村集体土地产权缺乏排他性和可转让性。"农地集体所有制的一个基本特征是，任何农民，只要他是特定社区中的一员，其对集体土地的享有权就与生俱来而不需要支付任何代价"。[①] 因此，农村集体产权只对集体成员之外

---

① 钱忠好：《中国农村土地承包经营权的产权残缺与重建研究》，《江苏社会科学》2002 年第 2 期。

的人员具有排他性，而对于同属于集体内部的其他成员并不具有排他性。在现行家庭承包制下，土地承包经营权必然会随着人口的变化而进行周期性调整，土地承包经营权由于对集体内部成员缺乏排他性，必然会导致农民无法对特定地块的地权形成长期而又稳定的预期①。除了对本集体内部成员不具有排他性之外，面对政府出于公共利益需要或者非公共利益需要进行的征地，农村集体土地产权在政府征地权的强制性面前也不具有排他性。土地产权排他性的缺乏不利于农民形成对土地长期投资的信心，因而也不利于农民从土地上获取充分的收益。在土地产权的各项权利中，转让权起着非常关键的作用，"理论上，得到清楚界定的转让权一定包含着清楚界定的使用权和收益权。但是反过来，清楚的使用权或收益权并不一定意味可以自由转让"②。现行《土地管理法》对于农村土地使用权的转让是限定在土地的农业用途之内的。《农村土地承包法》中也明确规定了土地承包经营权的流转必须遵守"不得改变土地所有权的性质和土地的农业用途"这一原则。农村集体土地如果要打破"土地的农业用途"这一限制转为城市非农建设用地，唯一的合法途径就是通过征地将农村集体土地的所有权转变为国家所有。而征地补偿并非按照土地的市场价值来核算的，因此，农民并不能从农地非农化转用的征地过程中获取足以补偿其"放弃农地的代价"，农民的土地权益在征地过程中必然无法得到充分保障。

第二节　农民土地权益保护主体
作用发挥不足

　　城镇化快速发展过程中，农民土地权益保护问题日益严峻并受到

---

　　①　钱忠好：《中国农村土地承包经营权的产权残缺与重建研究》，《江苏社会科学》2002 年第 2 期。

　　②　周其仁：《农地产权与征地制度——中国城市化面临的重大选择》，《经济学（季刊）》2004 年第 4 期。

各方关注，农民土地权益受损已经成为影响社会稳定与经济发展的重要因素。地方政府、农民组织和农民自身作为农民土地权益保护的主体，是否能够充分发挥各自职责与权利范围内权益保护的作用，对于城镇化过程中农民的生存与发展、国家的经济发展与社会稳定等问题关系重大。然而，从当前的现实情况来看，政府、农民组织和农民自身作为农民土地权益保护的主体，其保护作用明显发挥不足，没能起到充分保护农民土地权益的作用。

一 地方政府权力功能异化，侵权动力弱化维权职责

地方政府作为国家公权力行使的主要载体，是公民合法利益的捍卫者，对维护农民合法土地权益负有不可推卸的责任。在目前我国农村土地市场资源配置手段发展尚不成熟的情况下，地方政府在农村土地资源配置与管理中的作用还很强大，是农民土地权益保护最强有力的主体。然而，"政府机构也有其自身的利益考量，这些利益考量不仅存在，而且还很实在。"① 当地方政府在进行土地政策制定和土地管理的过程中出于"土地财政"的需求或者粮食安全保障等种种原因而对土地利益产生强烈诉求时，政府的利益偏好就容易导致政府权力功能的异化，即地方政府通过其掌握的合法的强制性公权力实现政府追求的利益而牺牲农民利益。从当前我国政府对农民土地权益保护的情况来看，中央政府非常重视对农民土地权益的保护，不断制定和完善各项保护农民土地权益的法律法规，对于保护农民土地权益起到了积极作用。但我国现行农村土地制度决定了政府在土地资源配置中占据垄断地位，地方政府通过征地低价获取农村土地并将其转为非农建设用地，再以高价将征得的土地批租给城市二级土地市场。这之间产生的巨大利益差额激励着政府经营土地的牟利冲动，尤其是在分税制改

---

① ［美］尼考劳斯·扎哈里亚迪斯：《比较政治学：理论与方法》，欧阳景根译，北京大学出版社 2008 年版，第 321 页。

革后，以地生财的"土地财政"成为地方政府缓解财政压力和获取城市发展资金的最佳选择。"土地财政"带来的侵权动力使政府在面对政府利益与农民利益的冲突时，往往会选择凭借其强势公权力来维护自身利益而牺牲农民利益。政府作为农民土地权益保护的主体，其维护农民土地权益的职责被极大地弱化了。

二 农民组织发展滞后，权益保护功能发挥受限

改革开放之后，随着人民公社制度的解体和家庭联产承包责任制的建立，人民公社以来的生产大队的行政管理体制开始解体。我国乡村治理体制逐渐发展为村民自治制度，新的农村组织逐渐形成，村民委员会成为宪法认可的农村基层群众性自治组织，负有管理村集体所有的土地、保障村民各项合法权益、向人民政府反映村民意见等责任。1988 年《村民委员会组织法》试行以后，村民委员会作为农村民主决策和民主管理的组织力量和执行机构，从领导方式和组织运作上保证了村民的公共参与权利，是农民土地权益保护的主体之一。村民自治制度实行之初，对于提高农村民主化水平等方面曾经发挥了显著的积极作用。随着家庭联产承包责任制的普遍推广，以家庭为单位的生产经营模式的建立，以及 2001 年农村税费改革的逐步试点推行，虽然起到了调动农民生产积极性、减轻农民负担的作用，但也带来了村民公共参与的积极性下降，组织化程度降低等问题。如村委会与村民之间的联系和村民与村民之间的联系相比以前变得松散，村民公共参与的主动性积极性不足等。这些都是村民组织化程度降低的表现。这些问题和表现集中反映了村民组织建设的滞后和与不断变化着的新形势的不适应①。此外，从村委会的职能上来看，虽然只是一个村民自治组织，不是国家行政机构，但仍然需要服从上级政府的各项安

① 唐建平、梅祖寿、刘明君：《健全组织：扩大村民在社区治理中的公共参与》，《华中农业大学学报》（社会科学版）2013 年第 3 期。

排。所以从村委会的组织性质上看，也是一个政府的行政附属组织。作为村民自治组织和行政附属组织双重性质的村委会，当上级政府意志与基层农民权益发生冲突时，村委会通常会选择迎合上级政府意志或谋取个人利益而牺牲农民权益。基层政府对村委会等基层村民自治组织要么扶持较少，村委会等自治组织因没有政策或资金扶持而发展受限，各项职能的履行也受到影响；要么干预过度，使作为村民自治组织的村委会带上了浓厚的行政色彩，在很大程度上导致村民组织异化发展，实际上已经不能从根本上代表农民的利益，其对农民权益的保护功能也就无从谈起。

三 农民维权意识薄弱，自我权益保护力量弱小

农民作为土地权益最直接的利益相关人，维护其土地权益，不仅要依靠政府、农民组织等社会外部力量的帮助，更需要农民发挥自身的主体作用，通过自我保护来实现自己合法的土地权益。农民的维权意识和农民自身素质是决定农民能否有效维护自身权益的重要因素。我国农民的维权意识薄弱，维权行动分散、无序，农民权益的自我保护状况及效果并不好。首先，农民土地权益自我保护意识薄弱。传统乡村文化的影响使农民在面对权益遭受基层政府或者村集体侵害时，往往由于不愿、不敢甚至认为不能与政府抗争而选择忍受与退让，导致农民在面对土地权益不能实现或是遭受侵害时往往是以消极甚至是冷漠的态度来对待，维权意识相当薄弱。其次，农民自身素质影响农民维权能力。我国农民受教育程度较低，文化素质整体不高，对相关法律知识和国家政策了解不足，导致农民的法律意识淡薄，运用法律武器保护自己合法权益的能力较弱。当合法土地权益受到侵害时，农民由于不了解合法维权程序或是由于合法维权成本过高，往往更倾向于依靠越级上访、武力冲突等非法手段来维护自己的权益，不仅自身付出沉重的代价，而且维权效果也并不理想。最后，农民主体分散导致维权力量弱小。家庭联产承包责任制的推行形成了以家庭为单位的

农户分散经营，农民之间的合作较少，联合起来进行维权的意识淡薄。在这种农民主体分散的情况下，农民维权力量涣散，农民个体力量不足，直接决定了农民群体自我权益保护的力量弱小。

第三节　法律调整机制和司法救济手段不健全

土地是农民最重要的生产资料和资产。在我国二元土地所有制和家庭联产承包责任制的土地制度下，围绕土地的占有、使用、处分等所发生的土地关系调整活动对于农民来说也变得重要而复杂。维护农民的合法土地权益，需要完善的法律体系来对土地关系调整过程中的规则、秩序与实施做出规范要求并确保法律体系的协调运作，并且需要完善的司法救济途径来确保法律体系的有效实施及运用。然而我国目前的土地法律体系与司法救济途径发展并不健全，无法对农民土地权益进行充分保护。

一　相关法律概念模糊

法律对相关概念的界定模糊存在两种情况，其中一种是指这一概念本身可能存在多种理解，而立法者处于某种考虑未对其以法律规定或立法解释的方式确定其权威性含义。[①] 法律上这种对相关概念界定模糊的情况导致法律在执行的时候缺乏具体的操作依据，只能依靠执法人员或司法人员的自由裁量权来对模糊的概念做出带有主观性质的解释或判断。这就会导致对掌握自由裁量权的人缺乏必要的限制，造成其对法律概念解释及法律适用的任意性，甚至为其"合法侵权"提供了条件。我国现行土地法律制度中就存在概念界定模糊的情况，如

---

① 徐国栋：《民法基本原则解释——成文法局限性之克服》，中国政法大学出版社1992年版。

对"公共利益"这一概念的界定模糊就属于没有以法律规定或者立法解释的方式确定其权威性含义的情况。由于我国法律只对"公共利益"这一概念进行了抽象原则性的规定，并没有对公共利益的范围做出明确具体的规定，这就给掌握征地权的行政机关留下了较大的自由裁量空间。在利益偏好的激励下，行使征地权的行政机关将经营用地也纳入"公共利益"解释范围内也就不足为奇了。

二 法律的适时性发展滞后

法律的稳定性是保证法律的严肃与效力的基础。但是社会是在不断发展变化的，法律的稳定性与社会的发展变化之间不可避免地会出现不适应的情况。为了协调法律的稳定性与社会发展的现实性之间的矛盾，就要求制定法律要坚持稳定性与适时性相统一的原则，即在法律无法满足历史发展和时代变化需求的时候，应该适时地根据社会发展变化去制定出符合时代需要的法律。我国现行土地法律制度就存在法律适时性滞后的情况，不能满足当前社会发展趋势下充分保护农民土地权益的需求。农民土地承包经营权物权化保护、征地补偿安置以及集体建设用地流转入市等问题集中体现了现行农村土地法律制度与当前城镇化发展进程的不适应。在城镇化发展过程中，现代农业的发展逐渐打破了原有的"城市经济以现代化大工业生产为主、农村经济以小农经济为主"的城乡二元经济结构。农村经济发展要求与城市享有平等的发展机会，农民也要求与城市居民享有同等的权益保障，但是现行农村土地法律体系显然没有为农村和农民提供这样平等的机会与待遇。面对城镇化进程的快速发展，现行农村土地法律制度的调整与修订的滞后，必然制约对农村经济发展和农民土地权益的保护。

三 法律监督机制不完善

城镇化进程推动经济社会发展的过程中，行政机关的行政权力也在各个领域不断扩张，行政机关滥用自由裁量权的机会也逐渐增多。

尤其是在城镇化发展对土地资源需求增多的情况下，掌握征地权和地方土地管理权的地方政府在对农村土地资源配置过程中，出于地方经济发展及财政利益需要，或者个别行政人员出于个人利益的需要，利用行政职权的便利进行违法或犯罪行为的行政违法和行政犯罪也日益增多。农村土地关系调整中的行政违法和行政犯罪行为在对市场经济秩序造成了破坏并阻碍了农村经济社会发展的同时，也对农民土地权益造成直接严重的侵害。这些问题产生的主要原因就是法律监督机制不完善，对行政权力侵犯农民土地权益的违法行为甚至犯罪行为的法律监督与处罚不足。我国对行政执法的监督形式虽然有人大监督、社会监督、行政监督和检察监督等多种形式，但由于监督方式、行政执法信息不公开、部门利益驱动等因素的限制，导致人大监督、社会监督、行政监督这些监督形式的监督作用和力度非常有限。人民检察院作为国家的法律监督机关，对行政执法进行法律监督就变得尤为重要。但检察机关对行政执法信息的获取渠道不通畅，缺乏对涉嫌行政违法和行政犯罪案件的介入和监督的信息来源，检察机关与行政机关之间的衔接又停留在联席会议等一般工作层面，因此，检察机关很难对行政机关的法律监督真正介入与实现。①

四　司法解决机制缺位

目前我国农村土地纠纷解决主要通过调解、仲裁、行政裁决和司法诉讼等方式进行。在对农村土地承包纠纷的解决中，大部分纠纷都是通过调解来处理，基本上不需要诉诸仲裁。极少数无法通过调解解决的纠纷，也应该"直接由法院依照《民事诉讼法》进行裁判才是合乎'民事争议司法裁决'的一般原则。"② 但根据我国《土地管理

---

① 吴云、方海明：《法律监督视野下行政执法与刑事司法相衔接的制度完善》，《政治与法律》2011 年第 7 期。

② 赖丽华：《城镇化背景下农村土地纠纷法律解决机制的困境与出路探析》，《农业考古》2013 年第 4 期。

法》第十六条的规定，对于调解无法解决的土地纠纷，纠纷当事人不能直接向人民法院提起诉讼，必须先提交人民政府进行行政裁决且对裁决结果不认可的情况下，才能向人民法院提起行政诉讼。这种纠纷处理程序存在比较严重的缺陷。一方面，由于行政决策缺乏严格的调查取证程序，因此容易造成政府滥用行政权力而滋生腐败。另一方面，是行政裁决的结果会对司法诉讼裁决造成影响，即当土地纠纷的当事人对政府裁决结果不服而提起行政诉讼时，法院往往会因为作为被告的人民政府的国家机关身份而尽可能地维护人民政府所做的行政裁决结果，导致土地纠纷当事人实际上通过司法裁决也很难推翻政府行政裁决的结果。因此，很多发生土地纠纷的农民在对政府行政裁决结果不信服的情况下，往往会放弃行政诉讼而直接上访或通过激烈的手段来维护自己的土地权益。目前我国尚无关于农村土地征收的专门法律，其他相关法律中对于土地征收及纠纷解决的规定也都比较笼统，对于征地项目是否符合征收条件、政府征地行为与征地程序是否合法、征地补偿是否合理，被征地集体和农民有异议的情况下如何寻求司法救济等，缺少具体的操作执行标准，也没有法律具体规定征地纠纷或者征地补偿安置纠纷的当事人可以通过司法诉讼的方式来解决纠纷。在司法实践中，法院也往往以法律没有规定为由拒绝受理征地纠纷案件。征地纠纷司法解决途径的缺位导致地方政府违法征地侵害农民土地权益时，农民无法通过正当的司法途径维护自己的权益，只能通过越级上访或暴力冲突等非法手段与政府违法征地行为进行对抗。农民因此不仅付出沉重的代价，而且也不能较好地实现维权效果。

第四节　地方政府行政干预制约市场作用发挥

政府配置与市场配置是资源配置的两种主要方式。政府配置主要是通过制定法律和政策等手段配置资源。市场配置则是通过供求关系、价格、竞争等方式配置资源。在市场经济条件下，市场是资源配置的基础方式，政府干预是弥补"市场失灵"的有效手段。但目前我国在农村土地资源配置的问题上，土地资源配置在本质上还是依靠政府行政手段和行政措施进行配置，经济手段和经济杠杆在农村土地资源配置过程中并没有发挥主导作用。地方政府对农村土地资源配置的过度干预制约了市场在土地资源配置中主导作用的发挥，造成农村土地资源浪费严重、违法用地问题突出等不良后果。

一　地方政府土地垄断遏制土地市场发育

我国《土地管理法》规定"农民集体所有的土地的使用权不得出让、转让或者出租用于非农业建设"。如果需要把农村集体土地用于非农建设，必须通过国家对农村集体土地进行征收，实现土地所有权从农村集体所有向国家所有的转变，才可以将农地进行非农化转用。地方政府通过征地取得农村集体所有的土地之后，以有偿出让的方式和行政划拨的方式将土地使用权出让给用地单位（见图5-1）。

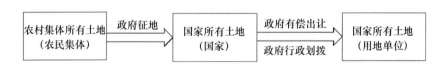

图5-1　农村集体所有土地使用权出让方式

在这一过程中，土地所有权和土地使用权发生的转变都是通过政府行政行为来完成的，市场对土地资源的配置作用完全没有发挥。土地所有权从农村集体所有转为国家所有是政府通过行使征地权取得的。用地单位从国家手中拿到已经归国家所有的土地是通过政府有偿出让和政府行政划拨这两种方式实现的。其中以行政划拨方式取得土地使用权的用地单位可以无偿取得土地使用权或者只需缴纳征地补偿安置费等费用之后就可以取得土地使用权；以有偿方式取得土地使用权的用地单位在缴纳土地使用权出让金等费用之后就可以取得土地使用权，土地出让金的标准是由国家规定而并非通过市场定价的。通过农地非农化转用过程的发生机制可以看出，地方政府垄断了农村土地市场。一是地方政府凭借征地权垄断了土地所有权市场，在获取农地的过程中占有垄断地位。二是地方政府凭借国有土地所有权和批租权垄断了土地一级市场，在土地划拨和土地使用权出让的过程中占有垄断地位。地方政府垄断土地的土地制度安排为政府直接掌控一级土地市场的土地资源配置扫清了障碍，但地方政府对土地资源配置的过度干预也遏制了土地市场的发育，"排斥市场在资源配置中的决定性功能，由政府直接操盘，虽可急功近利，却无法避免资源配置的浪费和不公"[1]。

二 地方政府强势干预破坏市场发展规律

进入 21 世纪以来，为了发展现代农业，实现农业规模化生产，政府加强了对农业领域的市场干预，其中最直接的表现就是地方政府直接干预农村土地流转进程，推动土地集中流转。土地集中流转是政府为实现以规模经营为方向的农业现代转型目标依靠政府强大的资源动员能力主动干预市场的过程。[2] 黄忠怀对政府干预土地集中流转的研究显示，许多农民并不愿意参与土地集中流转，原因主要有 3 个：一是由地方政府推动的土地集中流转的流转租金远低于农民私下流转的租金；二是农民家里的老人可以耕种土地，农民流转土地的意愿不强烈；三是农民担心流转出去的土地收不回来。为了提高农民的土地集中流转意愿，政府采取了财政补贴、提高土地流转租金的利益驱动方式和召开动员大会、做思想工作等组织动员方式，实现了土地集中流转的顺利开展[3]。

---

① 文贯中：《用途管制要过滤的是市场失灵还是非国有土地的入市权——与陈锡文先生商榷如何破除城乡二元结构》，《学术月刊》2014 年第 8 期。
② 黄忠怀、邱佳敏：《政府干预土地集中流转：条件、策略与风险》，《中国农村观察》2016 年第 2 期。
③ 黄忠怀、邱佳敏：《政府干预土地集中流转：条件、策略与风险》，《中国农村观察》2016 年第 2 期。

地方政府强势干预下实现的土地集中流转并没有取得良好的经济与社会效益，反而由于破坏了市场发展规律出现了"政府失灵"的现象。一是经营风险较大。市场的竞争性决定了经营主体会根据自己掌握的优势资源选择能够获取最佳经济效益的投资对象和投资条件。但地方政府强势推动下的规模化农业经营在实际运行中由于经营者生产经验、管理能力、市场预测能力的缺乏以及气候等自然因素的影响，导致规模经营面临着巨大的经营风险。当风险出现的时候，如果政府不能为风险买单，那么风险势必会转嫁给转出土地的农民或者村委会，对农村社会的稳定和发展带来冲击；二是规模经营效益总体偏低。追求效益最大化是市场经济共有的法则，地方政府过度干预市场往往存在关注政府目标实现而忽视成本与收益的情况。地方政府为推动土地集中流转对农民进行财政补贴，在地方政府财政支出增加的情况下，农民获取的流转收入并没有比私下流转更高，而规模经营者的单位土地收益在剔除各项费用支出之后，甚至还低于农民个体经营下的单位土地收益，投入成本与经营收益明显不成正比。地方政府半强制推动的农业规模生产并不乐观，经营效益总体偏低；三是限制了农民土地流转的市场交易自由。农民作为土地使用权的所有者，是土地经营权流转市场的交易主体，拥有交易的自主权利。市场竞争可以为农民在土地流转市场中提供更多的选择机会，实现土地流转收益的优化选择。但地方政府推动的农村土地集体流转并不是农民在土地流转市场自由交易的结果，而是在地方政府的"半强制"干预下被动进行的流转。这种政府强势干预的流转活动是对农民交易自由的一种限制，农民在土地集中流转中并没有实现土地流转收益的最大化，反而被剥夺了土地经营权和自由流转权。通过上述分析可以看出，地方政府对农村土地流转领域的强势干预虽然在短期内实现了农业规模化经营的政府目标，但地方政府的过度干预却限制了土地流转过程中市场竞争作用的发挥，破坏了价值规律、竞争规律和供求规律等市场规律，使农业规模经营不仅没有实现良好的经济效益，反而还造成了对农村社会经济发展的冲击与损害。

本章小结

本章在前文分析的基础上，对农民土地权益受损的根源进行了反思。首先，指出了农地产权制度缺陷是导致农民土地权益受损的制度根源；其次，分析了地方政府、农民组织和农民自身作为农民土地权益保护主体没有充分发挥其权益保护；再次，阐述了现有法律机制与司法救济机制无法满足对农民土地权益的充分保护；最后，分析了政府对土地市场的遏制与过度干预制约市场作用在土地资源配置中的发挥。

第六章 农民土地权益保护的
制度机制创新

保护农民土地权益是党和国家长期关注的重要问题。从前文对农民土地权益受损的原因及根源的深层反思中可以看出，农民土地权益受损不是某一个独立的因素造成的，"头痛医头脚痛医脚"的措施或方案不能从根本上解决农民土地权益受损的问题，也不能实现对农民土地权益长期有效的保护。改变目前农民土地权益的受损状态，就应该针对农地产权制度缺陷、权益保护主体乏力、法律体系不完善、土地资源配置的市场作用发挥受限等根源问题，对农民土地权益保护的制度机制进行创新。

第一节 构建城乡融合的现代
农地产权制度

制度作为维系社会系统运行的强制性、约束性的治理手段，对一定社会发展阶段下的经济活动效率和发展水平会产生重要的影响。社会经济发展对利益格局调整和社会生产效率提高的要求推动了制度改革的发生。农地产权制度作为我国农村土地制度的核心制度，关系到我国农村社会的利益分配格局与土地权利界定。农地产权制度改革与农民切身利益和农业现代化发展息息相关，是确保我国城镇化快速发展的关键一环。重构农地产权制度安排，提高农村社会经济运行秩序与效率，充分发挥农地产权制度的制度绩效，是我国全面深化改革时期城镇化对社会主义新农村建设和现代农业发展的制度要求。结合2016年10月30日中共中央办公厅和国务院办公厅印发的《关于完善农村土地所有权承包权经营权分置办法的意见》中提出的农村所有权、承包权、经营权"三权分置"办法，本著提出城镇化进程中农地产权的改革思路：在坚持农村集体土地所有制的前提下，以落实集体所有权、稳定农户承包权、放活土地经营权为出发点，构建城乡融合的现代农地产权制度。

一 "实体化"农村集体土地所有权主体

"集体所有权的主体虚位一直是我国集体土地所有权制度的一个重大缺陷。造成这一缺陷的根本原因在于集体土地所有权的设计。"[1]从人民公社解体，家庭联产承包责任制推行以来，农村集体土地所有权主体"虚化"的问题就长期存在，农村集体经济组织作为"法定"的农村集体土地所有权主体，在现实中早已名存实亡。农村集体土地所有权的实际行使权掌握在村委会（甚至是少数村干部）手中，作为集体成员的大多数农民身为村集体土地的共有者，却无法行使集体土地所有权。农村土地集体所有权主体"虚化"的问题不仅体现在农村集体经济组织缺少"实体化"的组织，还体现在农村集体经济组织作为农村土地发包方却不具有民事主体法律资格[2]。直到2017年3月15日通过的《中华人民共和国民法总则》第九十六条和第九十九条规定

---

[1]　孙宪忠：《物权法的实施》（第一卷），社会科学文献出版社2013年版，第324页。

[2]　《最高人民法院关于审理涉及农村土地承包纠纷案件适用法律问题的解释》（法释〔2005〕6号）第3条规定："承包合同纠纷，以发包方和承包方为当事人"，《中华人民共和国民事诉讼法》第48条规定："公民、法人和其他组织可以作为民事诉讼的当事人"。从这两条法律规定和法律解释来看，农村集体经济组织作为农村集体土地的发包方是可以作为民事诉讼的当事人的。但在《最高人民法院关于适用〈中华人民共和国民事诉讼法〉的解释》（法释〔2015〕5号）第52条中关于"其他组织"的解释中，并没有将农村集体经济组织列入其中，导致农村集体经济组织实际上丧失了民事主体的法律资格。

"农村集体经济组织依法取得法人资格"，将"农村集体经济组织法人"规定为"特别法人"，①农村集体经济组织才取得其作为民事主体的法律资格。保护农民土地权益，首先应该解决农村集体经济组织"虚化"的问题，重构具有市场主体资格和民事主体资格的农村集体经济组织载体，实现农村集体经济组织的"实体化"。

（一）成立实体化的农村集体经济组织

以村为单位，由本村农民以承包地入股的方式，成立集体资产股份组织，作为农村集体经济组织"实体化"的组织载体，负责行使农村集体土地所有权。每户农户推选出一名家庭成员代表作为股东组成农村集体资产股份组织的股东大会，由股东大会推选出农村集体资产股份组织的执行机构，负责执行股东大会关于农村集体土地承包、流转、征收等重大事项的决定，执行机构的人事任免及管理机制、运行章程、监督办法和执行程序由股东大会决定。

（二）实现农村集体资产股份组织与村委会的职能分立

从法律上理顺农村集体经济组织与村委会两者关于农村集体土地和其他集体财产的职责权限，实现农村集体经济组织与村委会的职能分立。以法律形式明确农村集体经济组织作为农村集体土地所有权主体的独立法人地位，将其组织功能和宗旨"定位于农民集体资产经营管理以及维护农民集体、集体经济组织成员的合法权益"②。同时，根据村委会的基层群众自治组织性质，其主要职责是组织村民进行民主选举、民主决策、民主管理和民主监督。为了避免村委会与农村集体经济组织在职责权限上的交叉重叠，影响农村集体经济组织的经营自主权，应该取消《村委会组织法》中关于村委会"管理本村属于村民集体所有的土地和其他财产"的规定，取消村委会代为执行农村集

---

① 《中华人民共和国民法总则》，人民出版社 2017 年版。
② 张安毅：《我国农村集体经济组织的角色扭曲与社会变革背景下的立法重构》，《理论与改革》2017 年第 3 期。

体土地所有权的权限及功能。确保村委会与农村集体经济组织作为两个独立组织，分别发挥其组织功能。即农村集体经济组织负责经营管理农村集体的土地和其他集体资产，充分发挥其作为经济组织的经营管理功能；村委会负责组织好村民的民主自治，组织村民对农村集体资产股份组织的经营管理进行监督，发挥其作为基层群众自治组织的民主管理与民主监督功能。

二　长期稳定农村集体土地承包关系

地权是否具有长期稳定性直接影响到土地利用效率的发挥和农民对自己承包的土地是否会有积极的长期预期。从我国《宪法》《土地管理法》《农村土地承包法》等法律中关于农村土地承包关系的规定可以看出，我国农村土地政策总体上是以不断稳定农民的土地承包权为改革方向的。国家关于完善"三权分置"办法的意见中也将"坚持稳定土地承包关系"作为此次农村土地产权制度改革的基本原则与政策底线。促进农村土地产权制度改革，构建现代农地产权制度，必须"稳定现有土地承包关系并保持长久不变"[①]。

（一）严格保护农民土地承包权

土地承包权作为一种用益物权，其所注重的不是土地的所有权，而是土地的使用及收益权能。在坚持农村集体土地所有制不变的前提下，保护农民土地权益的实现，首先就是要保护农民的土地承包权长期稳定。因此，应该以法律方式明确禁止任何组织、任何个人非法剥夺或取代农民的土地承包地位，禁止任何组织、任何个人限制农民自由行使其对承包地的使用和收益权利。

（二）赋予土地承包权更加丰富的内涵

土地承包权是农民基于其集体成员身份和承包资格取得的权利，

---

① 参见 2016 年 8 月中央全面深化改革领导小组第二十七次会议审议通过的《关于完善农村土地所有权承包权经营权分置办法的意见》。

是一种集体成员权。在城镇化发展的过程中，出现了大量进城落户的农民，长期稳定农民土地承包权还应该考虑到进城落户农民的土地承包权问题。在农村集体土地所有制下，农民的承包地虽然不能进行买卖，但依然是农民最重要的生产资料和财产来源。农民选择进城落户的情况下，农民的承包地可以为其提供经济支持。如果农民在城市发展不顺利甚至生活困难的情况下，承包地也是农民离城返乡的最后保障。因此，赋予土地承包权更为丰富的内涵，即保留进城落户农民的土地承包资格，并以法律方式明确实行农村土地承包权的自愿有偿退出，为进城落户的农民提供更多的土地使用选择与收益选择。进城落户的农民可以自愿选择是否退出土地承包权，选择退出土地承包权的农民有权向土地发包方要求合理补偿，选择保留土地承包权的，土地发包方不得以农民进城落户调整农户承包地或者要求农民退出土地承包权。

三　协调土地承包户与土地实际经营者的权利义务关系

与家庭联产承包责任制实施之后农村土地产权的"两权分离"办法相比，"三权分置"最大的特点就是将土地经营权与土地承包权从原有的土地承包经营权中分离出来，放活土地经营权，克服了"两权分离"的农地产权制度下土地细碎化与土地流转受限的问题。土地承包权与经营权分离的结果，就是在土地经营权流转的情况下，对于同一块承包地就出现了原承包农户和实际的土地经营者两个"个体"①。放活土地经营权的实质，就是要在协调好原土地承包户与土地实际经营者两者之间的权利义务关系的基础上，推进土地经营权的依法流转，提高土地合理利用效率，发展现代农业。具体建议如下：

（一）填补土地承包权人与经营权人权利关系界定的法律空白

"三权分置"办法发布实施之前，我国自改革开放以来一直实行

---

① 李伟伟、钟震：《维护承包者权益还是经营者权益？——保护耕作权以放活土地经营权的日本经验与启示》，《管理世界》2016 年第 2 期。

的是土地所有权和使用权"两权分离"的办法，相关法律也是在"两权分离"的基础上修订的。因此，现有的法律规定在涉及土地承包权和经营权的时候都是以"土地承包经营权"作为主语来进行规定的。"三权分置"办法实施之后，土地承包权与土地经营权分别从土地承包经营权中分离出来，在具体推行中势必会涉及土地承包权人和土地经营权人双方的权利义务关系。目前，法律在对土地承包权人和土地经营权人两者之间的权利义务关系的界定方面基本处于空白状态。因此，规范协调双方的权利义务关系，首先应该填补土地承包权人与土地经营权人权利义务关系界定的法律空白，为其权利义务关系的规范协调提供法律依据。

（二）严格监管土地经营权人对土地的使用用途

实行"三权分置"，将土地承包权与经营权分离的目的是通过放活土地经营权，提高对农地的利用效率，推进现代农业经营模式的发展。因此，土地承包权与经营权分离的前提依然是要确保农地的农业用途不改变。所以在放活土地经营权的过程中，要加强对土地经营权人的土地使用用途的监管，确保土地经营权人将土地用于农业用途，防止土地经营权人以经营现代农业为名将土地用于非农用途，更要避免土地经营权人通过多次流转土地经营权获利的行为。因此，应该从法律上对土地经营权人在土地用途上严格限制其必须用于农业用途，并对违反土地用途规定的行为规定严格的处罚措施。

第二节　探索土地权益分配的
多元民主决策机制

农民土地权益保护主体的权益保护责任、权益保护意识与权益保护能力的强弱直接关系到农民土地权益能否得到有效的、充分的保护。政府、农民组织和农民自身作为土地权益保护的三重主体，是否具有较强的权益保护意识、能够充分行使自己的民主权利、发挥权益保护职责，对于城镇化发展过程中农民土地权益的合法有效实现关系重大。因此，应该探索政府、农民组织、农民共同参与的土地权益分配的多元民主决策机制，强化三重权益保护主体的维权职责、意识与能力。

一　准确定位政府角色

"人们联合成为国家和置身于政府之下的重大和主要的目的，是保护他们的财产"①，人们之所以愿意"放弃他们单独行使的惩罚权力"②，并为了保护他们的"生命、特权和地产"③ 等财产的目的而"授权"④ 给政府，就是为了能够"托庇于政府的既定法律之下，希望他们的财产由此得到保障"⑤。因此，从政府的起源上来讲，政府形成和存在的最重要的目的就是保护人们的财产。

农民作为国家的公民，土地是其最重要的财产。保护农民的土地财产，维护农民合法的土地权益，政府作为国家公权力的行使者责无旁贷地应该成为最具"权威"的维权主体。但在农村土地流转和土地征收的实践中，地方政府出于对土地财政和自身政绩评价的利益诉求，导致政府在农村土地流转和土地征收等土地资源配置活动中不仅没能很好地维护农民土地权益，反而由于"与民争利"站在了农民土地权益的对立面，造成对农民土地权益的侵害。政府在土地权益分配中的这种职能错位和立场错位就是政府角色错位的两种最主要的表

---

① ［英］洛克：《政府论》（下篇），叶启芳、瞿菊农译，商务印书馆2014年版，第77页。

② ［英］洛克：《政府论》（下篇），叶启芳、瞿菊农译，商务印书馆2014年版，第78页。

③ ［英］洛克：《政府论》（下篇），叶启芳、瞿菊农译，商务印书馆2014年版，第77页。

④ ［英］洛克：《政府论》（下篇），叶启芳、瞿菊农译，商务印书馆2014年版，第78页。

⑤ ［英］洛克：《政府论》（下篇），叶启芳、瞿菊农译，商务印书馆2014年版，第78页。

现。因此，发挥政府作为农民土地权益最"权威"的维权主体，就应该从以下两个方面实现政府角色准确定位。

（一）避免政府角色的双重定位

政府是国家土地法律和土地政策的执行者与监督者。对于农村土地流转和土地征收过程中出现的违法违规问题和土地纠纷问题，政府有责任按照相关法律和政策予以处理和纠正，以维护土地纠纷当事人的合法土地权益，即政府在土地纠纷处理中应该处于中立角色或仲裁角色。只有明确政府在土地纠纷处理中的中立和仲裁角色，才能确保土地纠纷事件能够得到公正处理，是土地纠纷当事人的正当土地权益能够得到合法维护的前提和基础。但目前在土地一级市场中，政府是作为土地征收者的角色出现的，政府的利益偏好不可避免地会与农民在土地补偿、就业安置、社会保障等方面的利益发生冲突，产生土地纠纷。当政府作为土地纠纷的当事人时，再由政府作为仲裁机构来裁决政府与农民之间的土地纠纷问题，显然很难保证政府的中间立场和裁决的公平公正。因此，应该避免政府既是中立裁决者又是土地纠纷当事人这种双重角色定位的情况出现。建议由司法机关来担任土地纠纷处理的仲裁角色，以确保仲裁主体的中间立场。

（二）强化政府的服务与监管职能

政府作为国家行政机关，在土地流转和土地征收中最基本的职能是为土地流转与土地征收活动提供一个公正、规范的制度环境和运行规程。因此，在土地流转与土地征收活动中，政府应该弱化其强制功能和约束功能，强化其服务功能和监管职能。首先，由地方政府主导，设置专门的土地服务组织作为农村土地流转与土地征收活动的组织平台，专门负责为农村土地流转和土地征收活动提供各项服务和监管；其次，明确土地服务组织的服务项目和具体职责，为农民和农业经济组织提供土地流转信息沟通、法律政策咨询、土地征收价格评估、合同签订、地籍档案管理、土地纠纷调解、征地意见反馈等服务；最后，加强政府监管力度，一方面是建立完备的法律来规范和约束土地流转和土地征收等行为，另一方面是加强政府监管意识，在为农民和相关当事人或相关机构提供服务的过程中就应该注意发现土地违法违规问题，并及时对土地违法违规行为进行制止，尽量避免违法侵权活动的继续发展。

二　提高农民组织化程度

农民组织发展滞后、农村基层组织功能异化是导致我国农民土地权益易受侵害的重要原因。农民虽然在人口数量上占绝大多数，但由于居住地分散、外出打工人员较多，因此分散化程度比较高，导致农民在维护自身权益的时候，缺乏正式的维权组织与集体行动进行有力维权。盲目的自发维权甚至暴力维权成为农民维护自身权益保护的主要方式，这种维权方式不仅维权效果不好，而且需要农民付出较为沉重的代价。提高农民组织化程度，发展多种形式的农民组织，以农民组织作为农民依法维权的组织载体，实现农民从盲目自发维权向组织化维权的转变，不仅可以帮助农民合法地表达自己的利益诉求，增强维权的组织性和维权力度，也可以避免农民从自发维权向非法维权发展。提高农民组织化程度，强化农民组织维权功能，可以从现有农村基层自治组织和发展其他农民组织两个方面进行建设。

（一）加强现有农村基层自治组织——村民委员会的建设

村委会作为农村基层自治组织，维护农民的合法权益是其基本职能，加强村委会建设是实现农民组织维权的重点。由于村委会在土地流转与土地征收等实际活动中发挥着重要作用，因此从维护农民土地权益的角度出发，应该推进村委会民主自治功能的发挥。涉及农民切身利益的事情由村委会作为组织平台组织农民进行民主自治，推动村委会从"对上级政府"服务的"行政化"倾向向"为农民服务"的"服务型"倾向转变。

（二）发展以经济组织为主的多种农民组织

"农村的发展只有组织起来才能实现。"[1] "三权分置"产权重构下，放活土地经营权、发展家庭农场、农民合作社、农业企业等新型农民经济组织、实现农业的适度规模经营成为此次农村土地制度改革的核心。其中发展农民经济组织是实现放活土地经营权和发展适度规模经营的组织基础，也是农民通过农民组织实现土地利益，维护土地权益的主要渠道。应该从规范农村经济组织发展的角度，规范农民组织的内部协调机制，尤其是规范农民经济组织的利益协调机制，实现农民组织的规范化发展，发挥农民组织在农民土地权益维护中的关键作用。

三 提高农民维权能力

农民土地权益的实现与维护很大程度上取决于农民自身维权能力的强弱，而农民维权能力的强弱又与农民自身的文化素养、民主意识和法制素养有关。改革开放以来，随着中国社会经济文化发展水平的整体提升，农民的整体素质相比于过去得到了很大的提高。但与其他社会群体相比，农民的整体素质依然较低，其文化素养、民主意识和法制素养依然跟不上城镇化快速发展对农民和农村现代化的要求，农民仍然属于"弱势群体"，这必然会导致农民的土地权益受损且无法得到有效保护。因此，应该加大农村教育投入，从培育农民民主意识、提高农民法制素养和文化素养着手提高农民综合素质及其维权能力。

（一）提高农民的文化教育水平

具有一定的科学文化知识是农民提高自身维权能力的基础，也是农民转变传统观念、增强民主意识、提高法制素养的基本条件。文化

---

① ［美］萨缪尔·亨廷顿：《变化社会中的政治秩序》，王冠华、刘为等译，上海人民出版社 2008 年版，第 327 页。

教育水平较高的农民学习能力也较高，更容易接受现代观念，也更容易通过学习了解国家政策和法律知识，相比于文化教育水平较低的农民，其运用政策和法律维护自身土地权益的自觉程度更高。因此提高农民维权能力首先应该普及对农民的文化知识教育，采取宣传、宣讲、免费培训等灵活多样的方式为农民提供学习机会，提高其文化教育水平。

（二）增强农民的民主意识

农村土地流转与土地征收过程中出现的违背农民意愿、引发农民强烈不满等侵犯农民土地权益的问题，与农民在土地流转与土地征收过程中的话语权、参与权、监督权、申诉权等民主权利没有得到充分主张有关。这种局面的形成主要是由于现行土地流转和土地征收程序设置不完善，没有赋予农民充分表达自己意见的机会造成的，也与农民自身的参与积极性不高有关。因此，应该从两个方面着手增强农民在土地流转和土地征收过程中的民主参与意识。一是规范土地流转和土地征收程序，实现农民的全程参与与监督，保证在涉及农民利益的每个环节都能够赋予农民足够的知情权和话语权，确保农民产生不同意见时能够有通畅的申诉渠道并能得到及时、公正的反馈；二是在农村普及基本的政治知识和民主参与技能，帮助农民通过提高对政治知识、民主技能的了解和运用逐渐增强农民的民主意识。

（三）提高农民法制素养

法律知识欠缺、法律运用不足、法制观念淡薄是当前我国农民法制素养不高的主要表现。农民在维护自身土地权益的过程中出现的越级上访、暴力冲突等"非法维权"行为主要与农民不懂得如何运用法律规定和法律程序合法维权有关，也与农民法制观念淡薄，忽视法律在土地纠纷解决中的作用有关。提高农民的法制素养，应该结合农民在土地维权中的实际需要进行宣传与教育。一是在法制教育内容的选择上，可以结合农村土地纠纷合法维权的个案对农民进行宣传、讲解，提高法律宣传教育的实效性，让农民从案例中认识到依法维护土地权益的途径和好处；二是在法制教育的形式上，可以通过电视专栏节目、广播专栏节目、微信公众号、农民土地维权网络平台、土地维权法律知识资料印发等多种方式向农民提供法制教育；三是在法制教育的组织上，应该由基层地方政府牵头，组织动员各种农村民间组织、法律公益组织和网络组织共同承担起普法教育与维权帮助的责任。

第三节　完善农村土地制度的法律体系建设

20 世纪 80 年代推行的家庭联产承包责任制和 2016 年 10 月开始推行的"三权分置"农村土地制度改革，在一定程度上都属于"诱致性制度变迁"，即改革措施在一些地区试行成功或者在实践中已经大范围出现后，得到国家在政策上的认可并开始在全国范围内推行。从现有的经验来看，这种以政策调整的方式对农村土地制度进行的改革无疑是顺应我国城镇化进程和农业经济发展趋势的。但"政策"不能替代"法律"，在实践中也不能直接将政策适用于法律纠纷的司法解决，"根据政策作为民事法律的发源而修改民事基本法的路径也缺乏合理性"[1]。因此，国家农村土地制度改革的政策如果没有法律的保驾护航也无法确保政策目标的有效实现，依法维护农民合法土地权益也就无从谈起。维护农民土地权益，必须对农村土地制度改革从法律层面进行建设与完善，用法律对农村土地的归属、使用、流转、征收等进行规范管理，实现对农民土地权益的依法保护。

一　填补法律空白

我国现有农村法律制度还不是很完善，对农村土地流转和土地征收的相关法律规定有很多都只是做了原则性的规定，并没有给出详细

---

[1]　张红：《民法典之外的民法法源》，《法商研究》2015 年第 4 期。

的解释或具体的操作规程，使农村土地流转和土地征收在实践中适用法律时存在无法可依的法律空白状态。完善农村土地法律体系建设，首先应该填补农村土地法律体系中的法律空白。

（一）增补关于"非公共利益"用地的立法规定

我国《宪法》《土地管理法》等相关法律中对出于"公共利益"需要的征地进行了明确具体的规定，并没有规定出于"非公共利益"需要的用地是否可以征地。相应地，也没有对"非公共利益"用地取得的具体操作程序进行规定。在实践中，"非公共利益"用地需求随着城镇化的加速发展越来越大，在缺少"非公共利益"用地征地的法律规范和对"公共利益"界定范围泛化的情况下，将"非公共利益"需要解释为"公共利益"需要进行征地的情况大量存在，这在客观上导致了征地权的泛化和对农民合法土地权益的侵害。因此，应该对"非公共利益"用地制度进行补充完善。建议从以下几个方面对"非公共利益"用地规定进行补充完善。

1. 明确规定非公共利益项目用地不得以征地方式取得。

2. 允许集体土地合法入市。建议修改《土地管理法》中关于申请建设用地"必须依法申请使用国有土地"的条款，取消对非公共利益用地必须通过政府将集体土地征收为国有土地之后才能申请使用的限制。建议允许农村集体土地在通过政府关于农地非农转用审批后可以直接入市流转，由非公共利益项目用地单位通过市场竞争取得，让农民获取符合土地市场价值的土地收益。

3. 加强土地规划的立法地位，加强对耕地资源的保护，避免集体土地入市之后非公共利益项目过度占用农村土地造成耕地资源的紧缺。

（二）修订《农村土地承包法》

"三权分置"办法是对农村土地产权结构进行的调整，土地承包权与土地经营权从原有的土地承包经营权中分离了出来，土地产权结构的法律属性、权利关系等也发生了相应的变化。现有《农村土地承包法》中没有关于单独的"土地承包权"和"土地经营权"的规定，其中关于土地承包经营权的规定也不能完全适用于分离出来的土地承包权和土地经营权。应该从法律层面明确"三权分置"后各项土地权利的法律属性、权能边界和权利关系，填补农村土地产权改革之后法律上出现的空白与漏洞，为政策推动提供法律依据与保障。

1. 从法律上单独列出土地承包权和土地经营权概念。"三权分置"后，土地承包权和土地经营权成为单独列出的土地权利。为了让土地流转过程中各方权利主体的法律关系更加清晰，权利义务界定更加明确，建议取消《农村土地承包法》中原有的"土地承包经营权"概念，设置独立的"土地承包权"和"土地经营权"概念，明确这两种土地权利的内涵及权利关系。

2. 从法律上明确土地经营权流转规则。"三权分置"产权结构设计的目的之一是满足农民保留土地承包权、流转土地经营权的需要，目的之二是满足城镇化与农业现代化发展的需要。从根本上都是为了在农村深入发展的过程中给予农民更多的选择权利，让农民可以选择更加灵活的方式充分实现其土地权益。从法律上明确土地经营权流转规则，就是通过法律来规范农民土地经营权流转关系，为转出土地经营权的农民和农地实际经营者土地权益的实现及保护提供法律依据和法律保障。

二　明确相关概念

法律概念清晰与否直接影响司法的质量和立法目的的实现，法律概念的模糊性虽然使这一概念具有很强的涵盖能力，但也为执法者滥用自由裁量权提供了可能。[①] 现有法律中关于农村土地和涉及农民土地权益的一些概念存在概念界定模糊的情况。这些概念的模糊界定给

---

① 吴国喆、梁琪：《不确定法律概念的界定、特征及其缺陷》，《甘肃理论学刊》2013年第 3 期。

农民土地权益保护造成一系列的困扰和障碍，加大了农民依法维护土地权益的难度。应该明确与土地制度相关的法律概念，即使是没有明确的法律含义的法律概念，也应该对其做出充分的解释和补充说明，使法律在农民土地权益保护中能够更好地发挥其作用。

（一）明确"公共利益"界定

"公共利益"界定模糊问题为政府滥用自由裁量权和征地权提供了便利，是造成我国土地征收过程中政府"合法"侵害农民土地权益的主要原因。防止政府滥用征地权侵害农民权益，就应该对"公共利益"进行清晰的界定或者对其进行明确而具体的解释，以限制政府对"公共利益"过宽的自由裁量权。由于"公共利益只能是一个抽象的价值原则，它的模糊性和不确定性使它不可定义"①，因此只能对"公共利益"的认定标准从法律上进行明确，通过具体的解释和规定来实现对"公共利益"的明确界定。

1. 对公共利益需要的征地内容进行包容性列举。以法律的方式将公共利益的内容分为国防军事用地、公共交通用地、国家机关及其他公共建筑用地、公用事业用地、科教文卫事业用地、慈善救助等社会福利事业用地6类进行列举，凡属于这6类范畴的用地，可以认定为公共利益用地。

2. 对公共利益需要的征地内容进行排他性列举。以法律的方式明确规定商业用地、国家职能机构或其他公共部门出于非履职需要的用地等不属于公共利益用地，禁止通过征地来满足这些用途的用地需要。

3. 完善公共利益的司法认定程序。建议采取司法认定的方式对上述列举范围之外的土地征收是否符合"公共利益"进行认定。由司法机关组织政府代表、被征地方代表、第三方专家共同参与，对征地的

---

① 申建林：《对行政征用中的公共利益的认定》，《武汉大学学报》（哲学社会科学版）2007年第4期。

使用用途、使用主体、直接受益对象是否符合宪法对公共利益原则的解释进行司法裁定。①

（二）明确法律关于农村土地所有权主体的规定

农村集体土地所有权主体模糊主要体现在两方面：一是现有法律中关于农村集体土地所有权主体的规定涉及"集体""农民集体""村农民集体""乡（镇）农民集体""村内两个以上集体经济组织的农民集体"等多种概念，所有权主体概念规定的不一致以及对这些概念缺乏具体明确的解释是农村土地所有权主体模糊的表现之一；二是集体内部成员与集体之间的产权关系不明确。根据国内多数学者认可的"成员权"理论，个体的农民作为集体成员之一对集体土地的占有是一种"对集体外个体的明确排他性，和在集体成员间的非排他性共同占有"②。但这种"共同占有"是"按份共有"还是"共同共有"，法律上并没有明确规定，农民因此无法找到相应的法律依据来向集体主张自己作为集体土地所有权共有人的具体实现形式。因此，应该从两个方面对现有法律进行完善，解决农村集体土地所有权主体模糊的问题。

1. 规范农村集体土地所有权主体的法律概念。对相关法律中关于农村集体土地所有权主体的规定，统一以"集体"作为农村集体土地所有权主体的法律概念，根据我国农村社会的实际组织框架重新确定"集体"包含的类型，并对不同集体类型的概念、范围、边界做出明确的解释。

2. 明确集体内部产权关系。根据家庭联产承包责任制实行以来农村土地按人分配与按户经营的实践，结合现阶段国家在农村开展的"土地确权"工作中各地普遍尝试的"确权确股不确地"的确权模

---

① 申建林：《对行政征用中的公共利益的认定》，《武汉大学学报》（哲学社会科学版）2007年第4期。

② 胡萧力：《模糊的清晰：农村集体土地所有权概念的再建构》，《法学杂志》2015年第2期。

式，以法律形式明确集体成员以户为单位对农村集体土地的"按份共有"，确保农民能够根据"土地确权"后确认的土地承包权和集体内部的土地所有权份额主张自己作为集体土地所有权共有人的土地权益。

三　完善专项法律建设

目前，我国还没有一部关于土地征收的专门法律，现行法律体系中关于土地征收的具体法律规定分散于《宪法》《土地管理法》等国家法律和《土地管理法实施条例》《征用土地公告办法》等规章制度中。各地方政府也根据各地农村土地征收的具体情况创建了许多地方性的法律规章。由于《宪法》中对土地征收只做了原则性的规定，《土地管理法》中关于土地征收的规定缺乏具体的操作规范，在内容上也未能全面涵盖目前土地征收过程中在征地程序、补偿安置、纠纷处理等各个方面存在的种种问题，其他法规和地方性规章的法律效力较低，而且在规定内容上存在差异性。因此，现有法律体系尚不能完全满足解决我国土地征收中涉及的诸多问题的需要。

从国外关于土地征收的立法经验来看，世界各国一般是以"宪法或民事基本法对土地征收做出原则性规定，辅以单行立法解决具体操作问题"[1]。如：法国宪法序言部分的 1799 年《人权宣言》第十七条规定了基于合法认定的公共需要以及公正和预先补偿的财产征收原则[2]，1977 年又制定了《公用征收法典》对不动产征收的主体、征收程序、补偿范围、司法最终裁定等具体问题进行了规定；德国基本法第十四条规定了基于公共利益需要和依据法律执行的土地征收原则，第十五条规定了基于公平衡量公共利益与当事人利益的补偿原则，又

---

① 宋炳华：《土地征收应制定专项法律》，《中国国土资源报》2011 年 11 月 23 日第 12 版。
② 朱福惠、邵自红：《世界各国宪法文本汇编》（欧洲卷），厦门大学出版社 2014 年版，第 236 页。

在德国《联邦土地取得法》中对土地征收的具体规范进行了规定。

根据我国现有法律体系关于土地征收问题方面的不足和对国外关于土地征收立法的经验借鉴，建议制定一部全国性的土地征收专门法律——《土地征收法》，从土地征收的概念、原则、适用范围、征收程序、补偿安置、法律责任等方面对土地征收问题进行全面、具体的规范设计，为土地征收问题提供具有可操作性的、权威性的法律依据。

第四节　建立市场主导的土地资源配置机制

党的十八届三中全会指出，经济体制改革的"核心问题是处理好政府和市场的关系，使市场在资源配置中起决定性作用和更好发挥政府作用。"土地资源作为农村最基本的生产要素，在城镇化快速发展过程中，其稀缺性和重要性日益凸显。当前我国以政府为主导的土地资源配置方式不能实现对农村土地资源的有效配置。城乡土地市场分割、土地产权关系对农民参与市场能力的限制以及政府垄断土地市场都严重限制市场作用发挥。供求机制、价格机制、竞争机制等市场机制被排除在农村土地资源配置之外，导致我国农村土地资源供求矛盾突出、浪费严重、利用粗放等问题突出。平衡土地供求矛盾，提高农村土地资源利用效率，增加农民财产性收入，应该改变以政府为主导的土地资源配置模式，建立市场主导的土地资源配置方式。在土地用途管制和土地利用规划等政府宏观管理手段的辅助下，发挥市场在农村土地资源配置中的决定性作用，让农民成为土地市场的主体，充分享有土地资源市场配置带来的经济红利。

一　建立城乡融合的建设用地交易市场

建立城乡融合的土地交易市场，对于维护农民平等实现土地权利，实现土地资源优化配置，促进城镇化与农村现代化发展具有重要意义。这主要是由于城乡融合的土地交易市场可以打破长久以来城乡土地资源配置的二元方式，发挥供求机制、价格机制、竞争机制等市场机制在农村集体土地资源配置中的主导作用，为土地供需双方提供信息交流平台，畅通土地交易信息的自由传递。在土地价格能够充分体现土地市场供求变化和土地市场价值的情况下，土地交易主体能够按照自己的意愿理性参与土地市场交易。因此，建立城乡融合的土地交易市场是实现以市场为主导进行土地资源配置的先决条件。建立城乡融合的土地交易市场，需要从以下 3 个方面进行建设。

（一）打破农村集体建设用地使用权入市的制度约束

我国《宪法》和《土地管理法》中关于农村集体建设用地所有权变更及使用用途的限制，决定了农村集体建设用地只有通过政府征地这条途径变集体土地为国有土地之后才能进入土地市场交易运作。"农村集体建设用地直接市场化配置方式在现有的制度框架下基本无路可走。"① 实现农村土地资源的市场化配置，必须先打破农村集体建设用地使用权入市的制度约束。2013 年党的十八届三中全会通过的《中共中央关于全面深化改革若干重大问题的决定》中明确提出"在符合规划和用途管制的前提下，允许农村集体经营性建设用地出让、租赁、入股，实行与国有土地同等入市、同权同价"。这一决定为打破农村集体建设用地使用权入市的制度约束提供了政策支持，是建立城乡融合的土地交易市场迈出的第一步。2014 年 8 月，国土资源部联合四部委下发了《关于进一步加快推进宅基地和集体建设用地使用权确权登记发证工作的通知》，开启了农村建设用地使用权的确权工作，为农村集体建设用地使用权直接进入土地市场进行交易提供了清晰的产权基础，扫除了农村集体建设用地所有权权能（处分权）缺陷造成的入市障碍。2015 年 2 月，全国人大常委会通过了《关于授权国务

---

① 白佳飞、杨继瑞：《中国土地制度改革市场化路径选择》，《西北农林科技大学学报》（社会科学版）2016 年第 2 期。

院在北京市大兴区等 33 个试点县（市、区）行政区域暂时调整实施有关法律规定的决定》，为农村集体建设用地入市突破现有《土地管理法》中的相关法律条款的限制提供了法律依据，标志着我国农村集体建设用地第一次合法直接进入土地市场交易进入实施阶段。但《土地管理法》第四十三条关于"任何单位和个人进行建设，需要使用土地的，必须依法申请使用国有土地"的规定，依然是除 33 个试点县之外其他农村集体建设用地直接入市交易的法律障碍。因此在国家已经为农村集体建设用地使用权入市提供了政策支持和试点经验的基础上，应该对相关法律进行修订，为农村集体建设用地使用权合法入市交易提供法律依据，实现政策与法律的同步。

（二）改革集体建设用地增值收益分配机制

我国城乡土地二元结构的制度设计决定了农村集体土地必须经过征地环节转变为国有土地之后才能进行入市交易，政府凭借强制征地权及其对土地一级市场的垄断，在集体土地增值收益分配中占据了强势决定地位。土地征用的低成本与土地批租的高收益之间的差额部分成为政府凭借征地权和土地批租权合法获取的土地经营红利。农民和农村集体经济组织的土地增值收益权利在政府行政权的扩张挤压下处于极其不利的地位，农民只能获取远低于土地市场价格的征地补偿，无法充分分享土地的增值收益。建立市场主导的土地资源配置方式的目的之一是让农民能够充分享有土地市场交易产生的土地增值收益。因此，应该重新构建合理的集体建设用地收益分配机制，协调好国家、集体、农民这三方利益相关者之间的关系，让农民凭借明确的权利分享合理的土地增值收益。针对原有土地增值收益分配格局下农民分享土地增值收益比例偏低、增值收益分配方式单一等问题，建议从赋予农民更多选择和发展机会、充分共享土地增值收益的角度进行集体建设用地增值收益分配机制重构。

1. 合理划分集体建设用地增值收益分配比例。"不患寡而患不均"的公平思想在大部分农民心中根深蒂固，农民对于集体建设用地增值收益分配不仅仅是对绝对收益值的不满，更多的不满来自相比于国家、集体获取的增值收益的相对收益。农民认为集体建设用地增值收益在国家、集体和农民之间的分配比例不合理，农民获取增值收益的分配比例较低。尤其是在城镇化快速发展的过程中，土地资源的稀缺使农民对集体建设用地增值收益的期望值也有所提高。因此，构建合理的集体建设用地收益分配机制应该从保障农民土地权益、提高农民财产收入入手，综合考虑农民获取土地增值收益的合理性、农村集体发展的持续性和国家对农村社会治理的稳定性，在国家、集体、农民之间构建符合当前社会发展水平的集体建设用地增值收益分配比例格局。

2. 保障农民在集体建设用地增值收益分配中的政治权益。构建合理的土地增值收益分配机制必须考虑农民基本生活的维持。多数地区在征地过程中采取的一次性补偿方式不能长期维持农民的基本生活，也不是大多数农民满意的增值收益分配方式，不能满足农民对于发展提高自身从业能力、寻求维持长期生活保障与就业机会的意愿和需求。因此，应该保证农民在集体建设用地增值收益分配过程中的知情权、参与权、监督权和异议权，听取农民对于收益分配比例、分配方式、分配过程等方面的意见，尊重农民关于集体建设用地增值收益分配的意愿和诉求，将农民获得收益的比例、农民的满意程度、农民对增值收益分配过程的知情、参与、监督情况和异议反馈情况等方面作为评估集体建设用地增值收益分配机制是否合理的尺度。

（三）培育土地交易中介组织

土地交易中介组织是农村土地交易的助推器，对于土地交易市场的活跃发展具有重要的促进意义。目前我国土地交易中介组织存在组织数量少、规模小、从业人员专业化程度不高、组织运行受行政干预较大的问题，致使土地中介组织的发展处于自发状态，中介组织的功能不能充分发挥。培育土地交易中介组织，应该从政策扶持、法律保障、平台搭建和组织架构 4 个方面开展：1. 政策扶持。政府可以采取税收优惠、财政资金扶持等导向性政策，提供积极、宽松的政策环境，鼓励土地交易中介组织的发展；2. 法律保障。完善相关法律法规，规范中介组织的权利和义务，减少交易成本，提高中介活动开展的有效性；3. 平台搭建。搭建线上线下双轨制土地中介平台，通过线上网络平台发布土地交易信息，设计网上交易流程，并依托网络平台和各地土地交易管理机构搭建线下交易平台，为土地交易提供价格评估、信息收集发布、交易程序指导等服务，保证中介组织的服务项目、发展速度与发展规模能够匹配市场需求；4. 组织架构。可以通过政府提供培训服务与组织自身培训相结合的方式，对中介组织的服务人员从市场营销技能、管理技术、政策法规、职业道德方面进行专业培训，提升中介组织服务人员的专业服务水平和服务质量。中介组织也需要根据外部环境的发展动态，结合自身实力，及时调整经营策略与发展方向，紧跟国家土地政策和土地市场发展。

二 优化政府在土地资源配置中的调控职能

"政府在市场运行中总是扮演着重要的角色"[①]。在以市场为主要手段进行土地资源配置时，市场机制本身存在的内部功能性缺陷和外部条件缺陷，也会引起市场机制在土地资源配置中的运作不灵，即市场失灵的问题。实现土地资源的市场优化配置单靠建立土地交易市场、允许农村集体土地进入市场交易是不可能实现的。市场机制的内部功能局限无法解决市场垄断、外部性局限和公共产品提供等问题。如果单靠市场机制的自发调节功能进行土地资源配置，就会出现土地资源垄断、社会效益与生态效益无法保证、公共用地无法保证等问题。比如在市场自发调节的情况下，很容易出现资本力量对土地资源的垄断。由于土地资源具有位置固定、不可替代等特性，垄断者很容易凭借垄断优势操控土地价格和土地用途。这种情况下，土地价格偏

---

① 陈振明：《公共管理学》，中国人民大学出版社 2005 年版，第 183 页。

离资源优化配置的目标、土地利用低效和公共设施用地以及生态用地无法保证的情况必然是无法避免的。因此，不能完全依靠市场竞争机制来对土地资源进行配置。为了克服市场机制存在的缺陷，防止土地资源无序开发和低效利用的问题，中央政府和地方政府应该分别通过制度环境创造和政策规范执行来发挥其市场缺陷弥补、市场偏差矫正的作用，为市场优化配置土地资源创造一个良好的制度环境。

（一）通过财税手段引导土地交易市场良性发展

市场经济环境下，市场交易的活跃度和交易方向受交易主体在交易活动中的收益率影响较大。中央政府可以通过调整税种、税率、税费等财税手段对土地交易主体的土地交易收益率进行调控，实现对土地交易的促进目的或抑制目的，引导土地市场交易良性运作，克服市场的局限性，实现土地价格与土地用途能够在符合市场规律与社会效益的情况下达到土地资源的优化配置目的。结合目前农村土地"三权分置"改革中放活土地经营权的核心目的，中央政府可以对农村土地经营权流转提供优惠的财税政策，降低农民进行土地经营权流转的交易成本，促进各地土地经营权流转市场的活跃度，帮助农民实现通过土地经营权流转增收的目的。

（二）通过行政手段宏观把控土地市场交易活动

中央政府可以通过政策与制度的制定、颁布与执行，达到约束土地交易主体市场行为、调控土地交易市场供需、规范土地交易秩序的目的，实现对土地市场交易活动的全局性把控。这是中央政府通过行政手段对土地市场交易活动宏观调控的优越性体现。土地利用规划制度、地籍管理制度、农村土地价格评估制度等是目前中央政府调控农村土地市场最主要的行政措施，中央政府应该结合农村土地产权结构"三权分置"的制度改革措施和改革目的，对这几项行政调控制度进行充分利用。"三权分置"改革的核心目的是放活土地经营权，为了避免土地经营权流转过程中存在的农地非农使用的风险，应该在土地利用总体规划中强化对基本农田保护区的利用管控，严格实行土地用途管制制度，维持农田保护区的基本面积，确保粮食安全。还应该针对农村土地所有权、承包权、经营权分别进行登记，细化地籍档案管理。尤其是对变更频率较高的土地经营权的登记，更应该加强登记管理工作，以便国家能够清楚掌握农村土地资源的位置、归属、数量、利用状况和流转频率等。此外，以市场为主导进行土地资源配置，应该结合市场环境下的价格机制对现行农村土地价格评估制度进行改革。对农村集体土地价格的评估不仅要依据土地的位置、收益情况和土地肥力等进行分等评级，而且应该以此为基础让市场供求与竞争成为土地价格评估的主要依据。

（三）通过法律手段规范土地市场交易主体行为

法律法规是规范土地市场交易主体交易行为的强制力量。按照国家土地管理及土地交易的相关法律规定进行土地市场化资源配置，对于规范土地交易主体的市场行为、保障交易主体的合法权益具有重要作用。实现市场为主导配置农村土地资源，应该从相关法律规范的修订与实施方面进行完善。一方面，由于以市场为主导配置农村土地资源是社会发展的新情况，因此应该完善相关的法律修订，填补这方面的法律空白，为依法进行市场化配置农村土地资源提供法律依据。另一方面，重视法律的具体执行，利用法律工具对农村土地资源市场化配置过程中交易主体的行为进行强制约束，保证土地资源市场化配置行为的规范与合法化，为土地交易提供公平竞争的有序环境。

（四）正确发挥地方政府的政策执行与供给功能

地方政府在农村土地制度改革与实现过程中扮演着政策需求与政策供给的双重角色。面对中央政府，地方政府发展地方农业经济需要向中央政府申请更多的政策支持；面对当地基层组织与居民，地方政府又需要为当地基层组织与居民经济生活的开展提供符合当地经济社会发展特色的更为具体的地方政策与制度。随着改革开放的全面深入开展，地方政府组织地方经济社会发展的自主权日益增强，对地方经济发展的影响作用也越来越大。农村土地资源配置能否真正实现以市场为主导进行配置，让农民从中获取更加充分的土地权益，很大程度上取决于当地政府能否在国家总体政策步调下为当地经济社会发展提供符合当地特色与社会发展要求的制度供给。以往的地方土地政策安排中，出于追求政绩和土地财政的需要，"政府有时把角色定位于土地微观管理者，直接参与土地利益的取得，确定每一块土地的分配，往往会剥夺其他市场主体的利益。"① 这样的土地政策安排与政策后果明显已经不适合当前城镇化发展对农村土地市场的要求，也不能满足农民享有充分的土地权益、增加收入的需要。因此，地方政府应该根据党的十八届三中全会提出的"处理好政府和市场的关系，使市场在资源配置中起决定性作用和更好发挥政府作用"的总体政策安排，不直接参与土地交易，不再作为与其他土地市场交易主体直接争夺土地利益的角色出现，而是以土地政策提供者和土地交易监管者的角色为当地土地交易市场的发展提供政策支持与秩序维护。

本章小结

本章在前面各章研究的基础上，从农地制度的产权缺陷、权益主体、法律保障、土地资源配置模式四个方面对现行农地制度下农民土地权益受损问题提出了针对性的制度机制改革建议。1. 针对农村土地产权制度存在的产权缺陷问题，结合当前开展的"三权分置"产权制度改革，从建立实体化的农村集体土地所有权主体、稳定土地承包关系、协调土地承包权人与土地经营权人的权利义务关系着手，构建城乡融合的现代农地产权制度；2. 针对农民土地权益保护相关主体保护功能与保护力度发挥不足的问题，探索政府、农民组织、农民自身三重权益保护主体的维权职责、意识与能力；3. 针对农村土地制度与农

---

① 杨峰：《政府角色定位视野下我国土地储备制度的模式选择》，《社会科学家》2013年第12期。

民土地权益保护相关法律建设不完善的问题，从填补法律空白、明确概念界定、建设专项法律的角度提出完善农村土地制度法律体系建设的建议；4. 针对政府通过行政措施强制干预农村土地资源配置、影响土地市场发育、造成土地资源浪费、违法用地突出等问题，提出建设以市场为主导的土地资源配置方式的具体建议。

结　　语

　　本著结合当代中国快速城镇化的社会转型背景，基于城镇化理论与现代农地产权理论，采用历史追踪与理论分析相结合的方法，通过对改革开放以来中国农地制度改革变迁的回顾与探讨，挖掘现行中国农地制度隐含的缺陷。以此为基础，对农民土地承包经营权流转、农村集体建设用地使用权流转和土地征收等不同情况下的农民土地权益的现状与困境进行分析。根据本著对改革开放至今的农地制度的历史追踪与现状分析发现，农地制度既离不开经济与社会发展的现实基础，也具有历史延续性。当前中国城镇化进程的加快对农地制度的变革与农民土地权益的实现产生了深刻的影响。

　　因此，在适应城镇化发展要求的前提下，本著尽力以更开阔的视野，从现代产权制度、法律约束机制、多元民主决策机制和土地配置市场化等维度出发，对农地制度缺陷与农民土地权益保障困境的根源进行了深层挖掘与反思，并探讨农民土地权益维护的创新之路。针对农地产权制度缺陷、权益保护主体作用发挥不足、法律机制与司法救济手段无法满足农民土地权益保护需求、政府过度干预土地市场遏制市场活力等制度机制缺陷，提出了农民土地权益保护的制度机制创新设想，即：建立城乡融合的现代农地产权制度、探索土地权益分配的多元民主决策机制、健全土地流转与征收补偿等法律规范与约束机制、实现市场主导的土地资源配置方式。

　　本著从制度和利益分配层面分析了农民土地权益受损的原因，限于研究水平和时间的关系，主要侧重从产权制度改革、多元民主参与、资源配置机制、法律规范等方面提出了对策建议。但对于农地制度的专门法律规范的制定、多元权益保护主体的合作参与的具体实践与试点、土地资源配置市场化的操作规范等问题还有待进一步探讨。

参考文献

一　中文译著

《马克思恩格斯选集》（第 17 卷），人民出版社 1995 年版。

《马克思恩格斯选集》（第 22 卷），人民出版社 1995 年版。

《马克思恩格斯选集》（第 46 卷），人民出版社 1980 年版。

《马克思恩格斯选集》（第 4 卷），人民出版社 1995 年版。

《马克思恩格斯选集》（第 4 卷），人民出版社 2012 年版。

［英］阿弗里德·马歇尔：《经济学原理》（上卷），朱志泰译，商务印书馆 1964 年版。

［英］洛克：《政府论（下篇）》，叶启芳、瞿菊农译，商务印书馆 2014 年版。

［美］尼考劳斯·扎哈里亚迪斯：《比较政治学：理论与方法》，欧阳景根译，北京大学出版社 2008 年版。

［美］理查德·伊利、爱德华·莫尔豪斯：《土地经济学原理》，腾维藻译，商务印书馆 1982 年版。

［美］米切尔·卡特：《土地制度与农业绩效》，北京大学出版社 1999 年版。

［美］萨缪尔·亨廷顿：《变化社会中的政治秩序》，王冠华、刘为等译，上海人民出版社 2008 年版。

［美］R. 科斯、A. 阿尔钦、D. 诺斯等著：《财产权利与制度变迁——产权学派与新制度经济学派译文集》，刘守英等译，上海三联书店

185

1991 年版。

[美] 斯图亚特·S. 那格尔编著：《政策研究百科全书》，林明等译，
　　科学技术文献出版社 1990 年版。

二　中文著作

《毛泽东选集》（第 5 卷），人民出版社 1977 年版。

《邓小平文选》（第 2 卷），人民出版社 1993 年版。

《邓小平文选》（第 3 卷），人民出版社 1993 年版。

《建国以来毛泽东文稿》（第 7 册），中央文献出版社 1992 年版。

陈振明：《公共管理学》，中国人民大学出版社 2005 年版。

杜润生：《中国农村制度变迁》，四川人民出版社 2003 年版。

国务院农村发展研究中心：《发展中的农村合作经济——理论探讨选
　　编》，农村读物出版社 1985 年版。

吕萍、周滔：《土地城镇化与价格机制研究》，中国人民大学出版社
　　2008 年版。

孙宪忠：《物权法的实施》（第一卷），社会科学文献出版社 2013
　　年版。

王祖强：《社会主义所有制理论创新与发展》，中国经济出版社 2005
　　年版。

徐国栋：《民法基本原则解释——成文法局限性之克服》，中国政法大
　　学出版社 1992 年版。

许全兴：《毛泽东晚年的社会主义探索与试验》，云南人民出版社
　　2004 年版。

杨继瑞：《我国农村土地资源配置市场化问题探讨》，载南京地政研究
　　所编《中国土地问题研究》，中国科学技术大学出版社 1998 年版。

俞可平：《敬畏民意：中国的民主治理与政治改革》，中央编译出版社
　　2012 年版。

周其仁：《改革的逻辑》，中信出版社 2013 年版。

朱福惠、邵自红：《世界各国宪法文本汇编》（欧洲卷），厦门大学出版社 2014 年版。

三　期刊论文

安希伋：《论土地国有永佃制》，《中国农村经济》1988 年第 11 期。

白佳飞、杨继瑞：《中国土地制度改革市场化路径选择》，《西北农林科技大学学报》（社会科学版）2016 年第 2 期。

财政部财政科学研究所、北京财政学会联合课题组、贾康、赵福昌、唐在富、程瑜、陈龙、龙小燕：《首都新型城镇化进程中保障农民权益的基本原则、总体思路及政策建议》，《经济研究参考》2015 年第 21 期。

蔡继明：《论中国农地制度改革》，《山东农业大学学报》（社会科学版）2005 年第 3 期。

柴涛修、刘向南、范黎：《新中国征地制度变迁评述与展望》，《中国土地科学》2008 年第 2 期。

陈华彬：《城乡一体化路径探寻——兼论"两分两换"嘉兴模式》，《牡丹江大学学报》2011 年第 2 期。

陈江龙、曲福田：《土地征用的理论分析及我国征地制度改革》，《江苏社会科学》2002 年第 2 期。

陈泉生：《论土地征用之补偿》，《法律科学》（西北政法学院学报）1994 年第 5 期。

陈廷煊：《农业合作化历史回顾》，《当代中国史研究》1995 年第 4 期。

程洁：《土地征收征用中的程序失范与重构》，《法学研究》2006 年第 1 期。

迟福林、王景新、唐涛：《赋予农民长期而有保障的土地使用权》，《中国农村经济》1999 年第 3 期。

崔娟、陶镕：《集体建设用地使用权转可行性之法理分析》，《中国土地科学》2009 年第 8 期。

党国英：《关于深化农村土地制度改革的思考》，《国土资源》2003 年第 6 期。

邓大才：《关于土地承包经营权流转市场的几个重大判断》，《学术研究》2009 年第 10 期。

邓大才：《农地流转市场何以形成——以红旗村、梨园屯村、湖村、小岗村为例》，《中国农村观察》2009 年第 3 期。

邓正阳：《论农村土地产权制度与家庭联产承包责任制》，《社会主义研究》2016 年第 1 期。

丁关良：《农村土地承包经营权流转的法律思考——以〈农村土地承包法〉为主要分析依据》，《中国农村经济》2003 年第 10 期。

丁关良：《土地承包经营权流转制度法律问题研究》，《农业经济问题》2011 年第 3 期。

丁文、冯义强：《土地承包经营权流转市场的问题与对策研究》，《华中师范大学学报》（人文社会科学版）2016 年第 3 期。

窦祥铭：《基于产权视角的中国农村土地制度创新模式探讨》，《理论探讨》2013 年第 1 期。

段进军、殷悦：《多维视角下的新型城镇化内涵解读》，《苏州大学学报》（哲学社会科学版）2014 年第 5 期。

范连生：《土地改革的前奏——评建国初期黔东南民族地区的清匪反霸运动》，《兰台世界》2012 年第 25 期。

范树平、刘友兆、程从坤、严静、吕军：《从"三农"问题探析我国农村土地制度改革——基于新型城镇化视域》，《农业科学研究》2016 年第 3 期。

高圣平、刘守英：《集体建设用地进入市场：现实与法律困境》，《管理世界》2007 年第 3 期。

郭瑞雪、付梅臣：《关于集体建设用地"同地同权同价"问题辨析》，《中国人口·资源与环境》2014 年第 S2 期。

韩俊：《中国农村土地制度建设三题》，《管理世界》1999 年第 3 期。

何军：《20 世纪 50 年代初关中农村的土地改革》，《中国农史》2006
年第 2 期。

胡萧力：《模糊的清晰：农村集体土地所有权概念的再建构》，《法学
杂志》2015 年第 2 期。

黄季焜、冀县卿：《农地使用权确权与农户对农地的长期投资》，《管
理世界》2012 年第 9 期。

黄忠怀、邱佳敏：《政府干预土地集中流转：条件、策略与风险》，
《中国农村观察》2016 年第 2 期。

黄祖辉、王朋：《我国农地产权制度的变迁历史——基于农地供求关
系视角的分析》，《甘肃社会科学》2009 年第 3 期。

季学明、吴志冲：《上海农村部分土地非农化立法问题浅议》，《上海
农村经济》1996 年第 8 期。

冀县卿、钱忠好：《论我国征地制度改革与农地产权制度重构》，《农
业经济问题》2007 年第 12 期。

姜爱林：《改革开放前新中国土地政策的历史演变（1949—1978）》，
《石家庄经济学院学报》2003 年第 3 期。

姜爱林：《改革开放以来中国土地政策的发展变迁（1978—2002）》，
《绥化师专学报》2004 年第 1 期。

蒋省三、刘守英：《农村集体建设用地进入市场势在必行》，《安徽决
策咨询》2003 年第 10 期。

蒋省三、刘守英：《让农民以土地权利参与工业化——解读南海模
式》，《政策》2003 年第 7 期。

蒋巍巍：《集体土地使用权及集体非农建设用地流转问题分析》，《中
国土地科学》1996 年第 S1 期。

晋洪涛、史清华、俞宁：《谈判权、程序公平与征地制度改革》，《中
国农村经济》2010 年第 12 期。

孔祥智、伍振军、张云华：《我国土地承包经营权流转的特征、模式及
经验——浙、皖、川三省调研报告》，《江海学刊》2010 年第 2 期。

赖丽华：《城镇化背景下农村土地纠纷法律解决机制的困境与出路探析》，《农业考古》2013 年第 4 期。

兰措卓玛：《法治视角下的失地农民利益表达研究》，《青海社会科学》2014 年第 5 期。

李红波：《现行征地程序缺陷及其改进研究》，《经济体制改革》2008 年第 5 期。

李建建：《我国征地过程中集体产权残缺与制度改革》，《福建师范大学学报》（哲学社会科学版）2007 年第 1 期。

李平：《土地国有　租赁经营》，《农业经济问题》1988 年第 12 期。

李平、徐孝白：《征地制度改革：实地调查与改革建议》，《中国农村观察》2004 年第 6 期。

李伟伟、钟震：《维护承包者权益还是经营者权益？——保护耕作权以放活土地经营权的日本经验与启示》，《管理世界》2016 年第 2 期。

李延荣：《集体土地使用权流转中几个值得注意的问题》，《法学杂志》2007 年第 5 期。

李宴：《农村土地制度问题与改革取向制度比较》，《生产力研究》2009 年第 23 期。

李再扬：《土地制度变迁的比较研究》，《当代经济科学》1999 年第 5 期。

梁慧星：《谈宪法修正案对征收和征用的规定》，《浙江学刊》2004 年第 4 期。

梁亚荣、付坚强：《论参与型土地征收程序的构建》，《江淮论坛》2006 年第 5 期。

梁芷铭：《政府规范与市场交易：土地流转的国际实践与经验》，《农业考古》2014 年第 6 期。

刘庆旼：《建国初期农业合作化运动及其评价》，《当代中国史研究》1995 年第 4 期。

刘书楷:《国外与台湾地区土地使用管制和农地保护的经验》,《中国土地科学》1998 年第 6 期。

刘双良、孙钰、马安胜:《论农村集体建设用地流转与农民权益保护》,《甘肃社会科学》2009 年第 4 期。

刘卫东、彭俊:《征地补偿费用标准的合理确定》,《中国土地科学》2006 年第 1 期。

刘宗劲:《中国征地制度中的公共利益:异化、反思及超越》,《当代经济研究》2009 年第 10 期。

卢吉勇、陈利根:《集体非农建设用地流转的主体与收益分配》,《中国土地》2002 年第 5 期。

吕图:《建立新型征地补偿原则探讨》,《安徽农业科学》2016 年第 7 期。

罗必良:《产权强度与农民的土地权益:一个引论》,《华中农业大学学报》(社会科学版) 2013 年第 5 期。

马晓河、崔红志:《建立土地流转制度,促进区域农业生产规模化经营》,《管理世界》2002 年第 11 期。

马晓河、涂圣伟:《新时期推进农村改革的战略思考》,《中国经贸导刊》2011 年第 1 期。

毛哲山:《"人的城镇化"理论的建构与创新研究》,《河南师范大学学报》(哲学社会科学) 2016 年第 1 期。

孟祥远:《城市化背景下农村土地流转的成效及问题——以嘉兴模式和无锡模式为例》,《城市问题》2012 年第 12 期。

牛若峰:《将土地产权还给农民》,《调研世界》2004 年第 7 期。

彭立峰:《农地征收程序的国际比较及其借鉴》,《经济体制改革》2008 年第 5 期。

彭小霞:《被征地农民非制度化政治参与:特征、成因与制度化转向》,《求实》2014 年第 3 期。

齐睿、李珍贵、王斯亮、谢锦:《中国被征地农民安置制度变迁分析》，《中国土地科学》2013 年第 10 期。

钱忠好：《复合所有制：我国农地市场建设的基本思路》，《经济研究参考》1999 年第 25 期。

钱忠好：《农村土地承包经营权产权残缺与市场流转困境：理论与政策分析》，《管理世界》2002 年第 6 期。

钱忠好：《土地征用：均衡与非均衡——对现行中国土地征用制度的经济分析》，《管理世界》2004 年第 12 期。

钱忠好：《中国农村土地承包经营权的产权残缺与重建研究》，《江苏社会科学》2002 年第 2 期。

钱忠好：《中国农村土地制度变迁和创新研究》，《中国土地科学》1998 年第 5 期。

钱忠好、牟燕：《征地制度、土地财政与中国土地市场化改革》，《农业经济问题》2015 年第 8 期。

钱忠好、曲福田：《规范政府土地征用行为　切实保障农民土地权益》，《中国农村经济》2004 年第 12 期。

钱忠好、曲福田：《中国土地征用制度：反思与改革》，《中国土地科学》2004 年第 5 期。

佘君、丁桂平：《必然还是偶然？——建国初期农业合作化运动原因再探讨》，《淮南师范学院学报》2005 年第 1 期。

申建林：《对行政征用中的公共利益的认定》，《武汉大学学报》（哲学社会科学版）2007 年第 4 期。

盛广耀：《新型城镇化理论初探》，《学习与实践》2013 年第 2 期。

史志强：《国外土地流转制度的比较和借鉴》，《东南学术》2009 年第 2 期。

宋才发：《苏联农业集体化的历史回溯与评析》，《黄淮学刊》（哲学社会科学版）1997 年第 1 期。

宋涛：《初级农业生产合作社过渡到高级农业生产合作社的必然性》，《教学与研究》1956 年第 6 期。

谭术魁、齐睿：《三步走治理征地冲突》，《团结》2013 年第 3 期。

汤鹏主：《土地承包经营权流转与政府角色界定》，《改革》2009 年第 11 期。

唐建平、梅祖寿、刘明君：《健全组织：扩大村民在社区治理中的公共参与》，《华中农业大学学报》（社会版）2013 年第 3 期。

唐烈英、唐立文：《中美两国土地征收补偿比较与借鉴》，《中州学刊》2014 年第 9 期。

唐明勇：《试论建国初期的农民协会》，《中共党史研究》2005 年第 1 期。

陶艳梅：《建国初期土地改革述论》，《中国农史》2011 年第 1 期。

汪晖：《城乡结合部的土地征用：征用权与征地补偿》，《中国农村经济》2002 年第 2 期。

汪晖、黄祖辉：《公共利益、征地范围与公平补偿——从两个土地投机案例谈起》，《经济学（季刊）》2004 年第 4 期。

王成栋、江利红：《行政征用权与公民财产权的界限——公共利益》，《政法论坛》2003 年第 3 期。

王利明、周友军：《论我国农村土地权利制度的完善》，《中国法学》2012 年第 1 期。

王书娟：《功能主义视角下我国土地征收程序之完善》，《福建论坛》（人文社会科学版）2014 年第 8 期。

王文、洪亚敏、彭文英：《集体建设用地使用权流转收益形成及其分配研究》，《中国土地科学》2009 年第 7 期。

王小映：《土地制度变迁与土地承包权物权化》，《中国农村经济》2000 年第 1 期。

文迪波：《还农村土地所有制形式的本来面目——国家土地所有制》，《农业经济问题》1987 年第 8 期。

文贯中：《用途管制要过滤的是市场失灵还是非国有土地的入市权——与陈锡文先生商榷如何破除城乡二元结构》，《学术月刊》

2014 年第 8 期。

毋晓蕾：《农民集体成员权利研究：农民集体成员权权能、限制与救济》，《理论与改革》2013 年第 2 期。

吴国喆、梁琪：《不确定法律概念的界定、特征及其缺陷》，《甘肃理论学刊》2013 年第 3 期。

吴郁玲、曲福田：《土地流转的制度经济学分析》，《农村经济》2006 年第 1 期。

吴月芽：《农村集体建设用地使用权入市流转的可行性探析》，《经济地理》2005 年第 3 期。

吴云、方海明：《法律监督视野下行政执法与刑事司法相衔接的制度完善》，《政治与法律》2011 年第 7 期。

谢天成、施祖麟：《中国特色新型城镇化概念、目标与速度研究》，《经济问题探索》2015 年第 6 期。

徐琴、张亚蕾：《论征地权过度使用的防止与中国征地制度改革——国际经验对中国征地制度改革的启示》，《中国土地科学》2007 年第 2 期。

杨春禧：《论征地程序改革与和谐社会构建》，《社会科学研究》2005 年第 5 期。

杨德才：《论我国农村土地流转模式及其选择》，《当代经济研究》2005 年第 12 期。

杨峰：《政府角色定位视野下我国土地储备制度的模式选择》，《社会科学家》2013 年第 12 期。

杨继瑞、帅晓林：《农村集体建设用地合理流转的支撑体系：权益分配抑或外部环境》，《改革》2009 年第 12 期。

杨小辉：《农村土地流转模式探究之皖鉴》，《云南社会主义学院学报》2013 年第 5 期。

杨小凯：《中国改革面临的深层问题——关于土地制度改革》，《战略与管理》2002 年第 5 期。

杨勋：《国有私营：中国农村土地制度改革的现实选择——兼论农村改革的成就与趋势》，《中国农村经济》1989 年第 5 期。

杨一帆：《失地农民的征地补偿与社会保障——兼论构建复合型的失地农民社会保障制度》，《财经科学》2008 年第 4 期。

叶剑平、丰雷、蒋妍、罗伊·普罗斯特曼、朱可亮：《2008 年中国农村土地使用权调查研究——17 省份调查结果及政策建议》，《管理世界》2010 年第 1 期。

叶剑平、蒋妍、丰雷：《中国农村土地流转市场的调查研究——基于2005 年 17 省调查的分析和建议》，《中国农村观察》2006 年第 4 期。

叶艳妹、彭群、吴旭生：《农村城镇化、工业化驱动下的集体建设用地流转问题探讨——以浙江省湖州市、建德市为例》，《中国农村经济》2002 年第 9 期。

喻文莉、陈利根：《困境与出路：城市化背景下的集体建设用地使用权流转制度》，《当代法学》2008 年第 2 期。

约翰·弗里德曼、李路珂：《城市营销与"准城市国家"：城市发展的两种模式》，《国外城市规划》2005 年第 5 期。

张安毅：《我国农村集体经济组织的角色扭曲与社会变革背景下的立法重构》，《理论与改革》2017 年第 3 期。

张德元：《新型土地租佃制度刍议》，《经济前沿》2003 年第 4 期。

张丁、万蕾：《农户土地承包经营权流转的影响因素分析——基于2004 年的 15 省（区）调查》，《中国农村经济》2007 年第 2 期。

张红：《民法典之外的民法法源》，《法商研究》2015 年第 4 期。

张红宇：《论当前农地制度创新》，《经济与管理研究》2005 年第 8 期。

张亮：《程序正义论》，《广西民族大学学报》（哲学社会科学版）2007 年第 S1 期。

张平：《城镇化与土地流转互动：机制、问题与调控研究》，《社会科学战线》2014 年第 6 期。

张千帆：《"公共利益"的困境与出路——美国公用征收条款的宪法解

释及其对中国的启示》，《中国法学》2005 年第 5 期。

张瑞兰：《农民权益与人民公社制度变迁》，《理论界》2009 年第 9 期。

张忠野：《农民地权制度的反思与构建》，《政治与法律》2009 年第 5 期。

章友德：《我国失地农民问题十年研究回顾》，《上海大学学报》（社会科学版）2010 年第 5 期。

赵峰：《完善农地委托代理关系提高农地制度运行效率》，《经济师》2003 年第 2 期。

赵光元、张文兵、张德元：《中国农村基本经营制度的历史与逻辑——从家庭经营制、合作制、人民公社制到统分结合双层经营制的变迁轨迹与转换关联》，《学术界》2011 年第 4 期。

赵海娇：《集体经营性建设用地入市收益分配法律问题研究》，《山东农业大学学报》（社会科学版）2016 年第 2 期。

赵阳：《城镇化背景下的农地产权制度及相关问题》，《经济社会体制比较》2011 年第 2 期。

郑广永：《城镇化过程中失地农民权益的整体性保障》，《北京联合大学学报》（人文社会科学版）2013 年第 4 期。

周联合：《农村集体土地所有权主体论析》，《广东社会科学》2014 年第 2 期。

周其仁：《农地产权与征地制度——中国城市化面临的重大选择》，《经济学（季刊)》2004 年第 4 期。

周其仁：《中国农村改革：国家和所有权关系的变化（上）——一个经济制度变迁史的回顾》，《管理世界》1995 年第 3 期。

周莹：《保障农民权益，严格界定公益性用地》，《经济导刊》2008 年第 1 期。

朱力、汪小红：《现阶段中国征地矛盾的特征、趋势与对策》，《河北学刊》2014 年第 6 期。

祝天智：《边界模糊的灰色博弈与征地冲突的治理困境》，《经济社会
　　体制比较》2014 年第 2 期。

左小兵、冯长春：《集体建设用地流转中的农民权益保障》，《中国土
　　地》2010 年第 5 期。

四　英文文献

Alchian A. and Demsetz，"The Property Rights Paradigm"，*Journal of E-
conomic History*，1973.

Blume L.，D. Shapiro P.，"The Taking of Land：When should Compensa-
tion be Paid?"，*Quarterly Journal of Economics*，No. 99，1984.

Bwrry，A.，"When do Agricultural Export-help the Rural Poor? Apolitical-
economy Approach"，*Oxford Developenmt*，*Studies*，No. 2，2001.

Ed Nosal，"The Taking of Land：Market Value Compensation Should be
Paid"，*Journal of Public Economics*，2001.

Edens. D.，"Eminent Domain，Equity and the Allocation of Resource"，
Land Economics，Agust，1970.

Fischel W.，Shapiro P.，"A Constitutional Choice Model of Compensation
for Takings"，*International Review of Law and Economics*，No. 9，
1989.

Giammarino R.，Nosal E.，"Loggers Versus Campers：Compensation for
the Taking of Property Rights"，*Journal of Law Economics & Organiza-
tion*，Vol. 21，No. 1，2005.

Holt，Ed. Pisareva，"Martina Expropriation：Who Pull The Strings?"，
Slovak Spectator，2000.

H. G. Jaeoby，Guo Li & Scotte Rezelle，"Hazards of Expropriation：Tenure
Insecurity and Investment in Rural China"，*Department of Agricultural
and Resource Economics University of California*，*Davis*，Working Paper
No. 02－007，2002.

Ian Ayres, *Optional Law: The Structure of Legal Entitlement*, University of Chicago Press, Ltd. , 2005.

Kironde, L. , "Cimments on Management of Peri-urban Land and Land Taxation", *Paper Delivered to the World Bank Regional Land Workshop*, Kanpala, 2002.

Larbi, W. O. , Antwi, A. and Olomolaiye, P. , "Compulsory Land Acquisition in Ghana-Policy and Praxis", *Land Use Policy*, Vol. 21, No. 2, 2004.

Larry D. Butler, Dennis Thompson, *Rangeland Professionals and Policy Development in the United States*, Rangelands, 2002.

Liu, Shouying, Mieheal R. Cater and Yang Yao, "Dimensions and Diversity of Property Rights in Rural China: Dilemmas on the Road to Further Reform", *World Development*, Vol. 26, No. 10, 1998.

Loren Brandt, Scotte Rezelle & M. A. Turner, "Government Behavior and Property Rights Formation in Rural China", *Department of Agricultural and Resource Economics University of California, Davis*, Working Paper, February, 2002.

Miceli T. , Segerson K. , "Regulatory Takings: When should Compensation be Paid?", *Journal of Legal Studies*, No. 23, 1994.

Miceli, T. , "Do Governments Provide Efficient Compensation for Takings?" *Illinois Real Estate Letter*, 1993 (Winter/Spring) .

Munch, P. , "An Economic Analysis of Eminent Domain", *The Journal of Politieal Economy*, Vol. 84, No. 3, 1976.

Northam, R. M. , *Urban Geography*, 2*nd*, New York: John Wiley & Sons, 1979.

Raleigh Barlowe, *Land Resource Economics*, Prentice Hall, Inc, 1978.

五 其他资料

陈锡文：《抓住重点学习贯彻一号文件》，《经济日报》（农村版）
2004 年 2 月第 09T00 版。

冯耀云：《冲突的持续性：S 村农民与政府征地纠纷问题研究》，博士
学位论文，吉林大学，2013 年。

刘永湘：《中国农村土地产权制度创新论》，博士学位论文，四川大
学，2003 年。

匿名：《所谓"卖粮难"的问题》，《广西政报》1985 年第 12 期。

宋炳华：《土地征收应制定专项法律》，《中国国土资源报》2011 年
11 月 23 日第 12 版。

文贯中：《解决三农问题不能回避农地私有化》，《中国与世界观察》
2007 年总第 8、9 期。

文贯中：《农地私有化势在必行》，《财经时报》2005 年 10 月 10 日第
A07 版。

Posterman：《我国征地制度背景、政策目标及改革原则——"中国征
地制度改革"国际研讨会简报之四》，2004，3。

RDI（美国农村发展研究所）：《征地制度改革与农民土地权利》，载
中国海南改革发展研究院《中国农民权益保护》，中国经济出版社
2004 年版。

《中华人民共和国土地管理法》，中国法制出版社 2010 年版。

《中华人民共和国宪法》，法律出版社 2009 年版。

后　记

　　社会经济的发展使中国步入了快速城镇化时期，中国城镇化带来两个突出现象：农村人口城镇化与农村土地城镇化。人口城镇化远远滞后于土地城镇化成为当今中国社会转型的难题。一方面土地城镇化内含着强劲的动力并带来巨额土地收益，另一方面农民越来越远离土地，但既未顺利融入城市，也未获得应有的土地权益。这样一个流动而缺乏安定感的庞大群体始终成为牵动整个中国社会神经的焦点问题。农民这一巨大群体的生存状况及其最根本利益——土地权益的保护问题已成为影响社会稳定，并制约中国现代化和城镇化进程的必须面对的重大现实问题。在"三权分置"的农村土地制度框架下，土地集体所有权的法定制度并没有解决集体权利主体的构成要素和具体运行原则问题，因而也模糊了农民权益和各种权益关系的基础。由此，在土地征收、土地流转和集体用地等带来的收益及其分配中，与土地休戚与共的农民往往成为多方博弈的弱者。

　　本书结合当代中国快速城镇化的社会转型背景，基于城镇化理论与现代农地产权理论，采用历史追踪与理论分析相结合的方法，探讨中国农地制度的调整与变迁，挖掘其中隐含的缺陷。在此基础上，探究农民土地权益保障困境及其深层根源，从现代产权制度、法律约束机制、多元民主决策机制和土地配置市场化等维度出发，探讨相关制度变革与创新，寻求农民土地权益维护可行之道。

　　本书是由我的博士学位论文修改而成。我的博士学位论文是在我的博士生导师——武汉大学政治与公共管理学院申建林教授的悉心指导和帮助下完成的，倾注了恩师大量的心血。从论文选题、框架设计、论文的写作和定稿，无不凝聚着恩师的智慧与辛劳，在恩师认真、细致的指导下，论文才得以顺利完成。三年多的武汉大学读博生涯中，恩师用渊博的知识引领我步入学术研究的殿堂，恩师谦和的为人处世、严谨的治学态度、诲人不倦的精神以及宽宏的学者风范更是让我受益匪浅、铭刻于心，其孜孜不倦的教导、对教育事业的热忱与追求以及教导学生的耐心和责任感，是我完成论文的源泉和坚强的后盾，也是继续从业于教育战线的我毕生效仿的榜样。值此书完成之际，谨向我的恩师申建林教授致以最崇高的敬意和最衷心的感谢！

感谢在武汉大学求学期间为我进行授课的所有老师；感谢叶娟丽教授、虞崇胜教授、刘俊祥教授、唐皇凤教授、徐琳教授在论文开题和预答辩中给予的宝贵意见和建议；感谢同学和朋友对我的关怀与帮助，尤其是师妹张晶晶同学对我学习和生活上的大力支持与无私帮助。感谢众多学界前辈的前期研究成果为研究思路的形成与最终成稿提供了研究灵感与理论支持。

感谢我的家人多年来对我的默默付出与支持，给了我追求进步、完成学业的勇气与力量，尤其感谢我的爱子杨家熙给予我精神上的支持与鼓励，在我疲倦困顿时带给我安慰、快乐和继续向前的动力。

谨以此文献给所有关心和帮助过我的人们，以表达我深深的感激之情！

受自身研究水平所限，书稿中存在的不足之处，敬请各位专家和读者批评指正！

新乡医学院　王冉

2020 年 12 月